2017~2018

基金从业资格考试教材解读与实战模拟

私募股权投资基金基础知识

基金从业资格考试研究中心 编著

中国发展出版社
CHINA DEVELOPMENT PRESS

图书在版编目（CIP）数据

私募股权投资基金基础知识/基金从业资格考试研究中心编著．—北京：中国发展出版社，2016.11

ISBN 978-7-5177-0614-4

Ⅰ.①私… Ⅱ.①基… Ⅲ.①股权—投资基金—资格考试—自学参考资料 Ⅳ.①F830.59

中国版本图书馆 CIP 数据核字（2016）第 276802 号

书　　名：私募股权投资基金基础知识
著作责任者：基金从业资格考试研究中心
出 版 发 行：中国发展出版社
（北京市西城区百万庄大街 16 号 8 层　100037）
标 准 书 号：ISBN 978-7-5177-0614-4
经　销　者：各地新华书店
印　刷　者：北京明恒达印务有限公司
开　　本：787 mm×1092 mm　1/16
印　　张：12.5
字　　数：288 千字
版　　次：2016 年 12 月第 1 版
印　　次：2016 年 12 月第 1 次印刷
定　　价：39.00 元
咨 询 电 话：(010) 68990642　68990692
购 书 热 线：(010) 68990682　68990686
网　　址：http://www.develpress.com.cn
电 子 邮 件：fazhanreader@163.com
fazhan02@drc.gov.cn

前　言

《基金从业资格考试教材解读与实战模拟》系列丛书的编写依据是中国证券投资基金业协会发布的现行考试大纲。本系列丛书由多位专家经过潜心研究编写而成，编写过程中始终秉承的理念是重点领会考试大纲，详细剖析教材内容，深入推敲考试真题，准确定位命题规律，权威预测必考题目。

本系列丛书包括《基金法律法规、职业道德与业务规范》《证券投资基金基础知识》《私募股权投资基金基础知识》三册。具体的编写体例安排如下：

第一部分——教材解读　分章节按【知识结构框架】【教材解读】【典型习题】【参考答案】来阐述。

【知识结构框架】　以框架图来说明本章的主要考点。

【教材解读】　简明扼要地阐述考试大纲对每一部分的要求，并将其划分为具体考点，来引导考生如何去把握学习的方向。根据考试大纲的要求，对考试教材进行重点内容圈定和非考内容删除，将厚书变成薄书，为考生节约学习时间，提高学习效率。

【典型习题】　它是编者通过对考试大纲、考试教材和考试真题的分析、推敲、预测而编辑的。通过这些习题的练习，考生会全面理解和掌握教材的重点内容，将所学知识融会贯通。

第二部分——实战模拟试卷　安排了两套实战模拟试卷，针对性强，贴近考试，帮助考生熟悉考题形式、掌握命题规律、提高解题能力。

本系列丛书的独到之处在于重点突出、通俗易懂、注重实效、把握题源、理顺思路、引导学法、提高效率。

本系列丛书是供考生在系统学习统编教材之后复习时使用的学习资料，旨在帮助考生提炼考试考点，以节省考生时间，达到事半功倍的复习效果。书中提炼了辅导教材中应知应会的重点内容，指出了考试中会涉及的考点。同时，对应重点内容讲解题目，使考生加深对出题点、出题方式和出题思路的了解，进一步领悟考试的命题趋势和命题重点。

本系列丛书根据考前辅导答疑提问频率的情况，对众多考生提出的有关领会编写教材实质精神、把握考试命题规律的一些共性问题，有针对性、有重点地进行解答，并将问题按照知识点和考点加以归纳，是从考生的角度归纳出学以致考的经典问题汇编，对广大考生具有很好的参考作用。

本系列丛书既能使考生全面、系统、彻底地解决在学习中存在的问题，又能让考生准确地把握考试的方向，对辅导教材中的每一部分都作了详尽的讲解，完全适用于自学。

本系列丛书是在作者团队的通力合作下完成的，若能对广大考生顺利通过资格考试有所帮助，我们将感到莫大的欣慰。祝所有参加基金从业资格考试的考生，通过努力学习取得优异成绩，成为一名合格的基金从业人员。

由于编写时间仓促，书中难免有疏漏和不当之处，敬请广大读者批评指正。

编者

2016 年 11 月

目　录

第一部分　教材解读

第二部分　实战模拟试卷

第一部分　教材解读

第1章　私募股权投资基金概述

【知识结构框架】

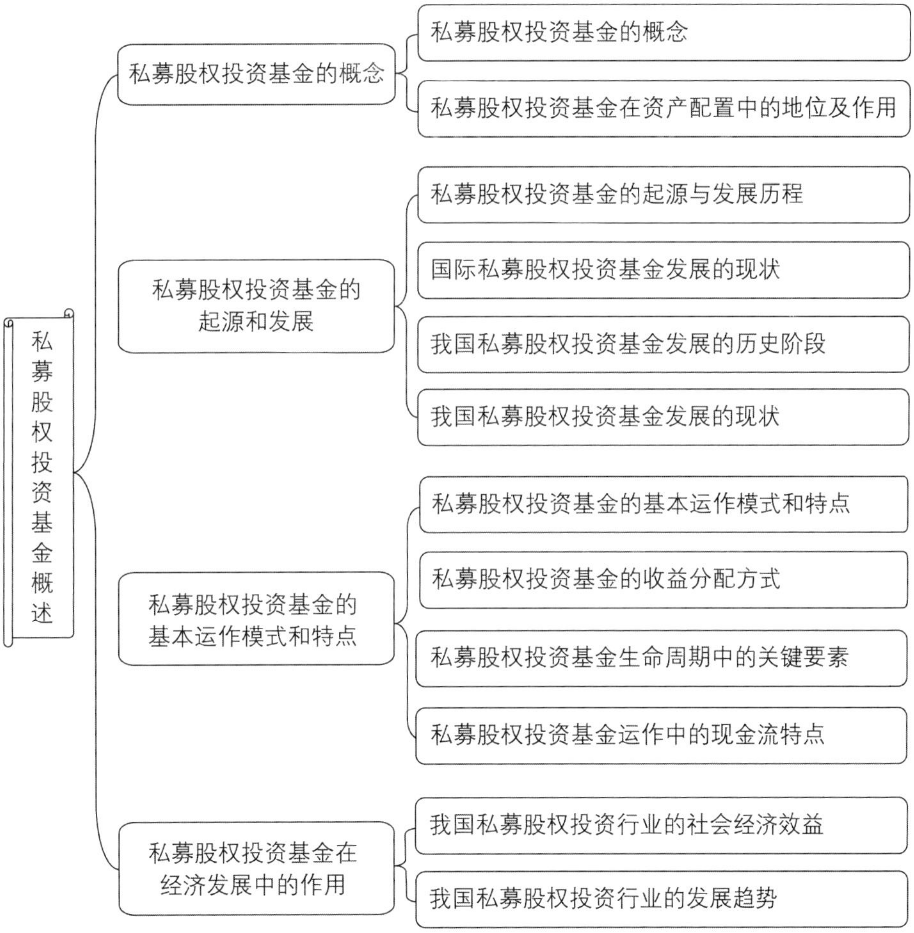

第一节　私募股权投资基金的概念

【教材解读】

考点 1　私募股权投资基金的概念

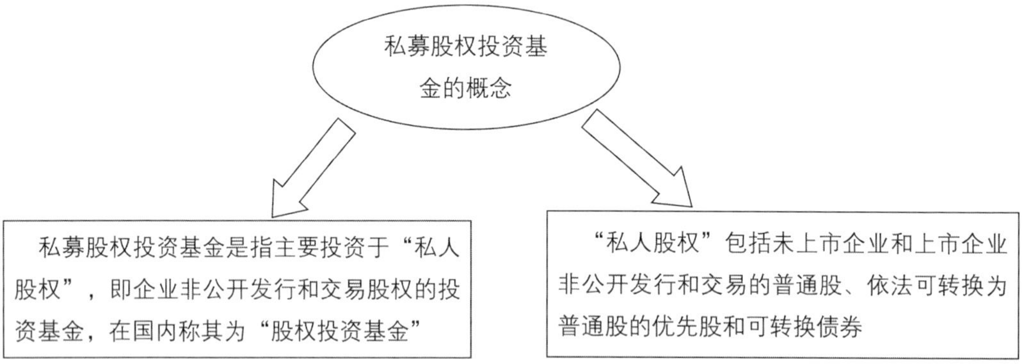

考点 2　私募股权投资基金在资产配置中的地位及特点（表 1—1）

表 1—1　私募股权投资基金在资产配置中的地位及特点

项　　目	内　　容
地位	在国际市场上，私募股权投资基金既有以非公开方式募集的，也有以公开方式募集（公募）的。在我国，目前私募股权投资基金只能以非公开方式募集。故，私募股权投资基金的准确含义为私募类私人股权投资基金
特点	与货币市场基金、固定收益证券等“低风险、低期望收益”资产相比，私募股权投资基金在资产配置中具有“高风险、高期望收益”的特点

【典型习题】

私募股权投资基金在投资者的资产配置中通常具有(　　)的特点。

A. 低风险、低期望收益

B. 高风险、低期望收益

C. 低风险、高期望收益

D. 高风险、高期望收益

【参考答案】 D

第二节　私募股权投资基金的起源和发展

【教材解读】

考点 1　私募股权投资基金的起源与发展历程（表 1—2）

表 1—2　私募股权投资基金的起源与发展历程

<table>
<tr><th colspan="2">项　目</th><th>内　容</th></tr>
<tr><td colspan="2">起源</td><td>起源于美国。股权投资在第二次世界大战结束以前发展比较零散，尚不构成组织化力量，也没有成为一个行业。1946 年，被公认为全球第一家以公司形式运作的创业投资基金是美国研究与发展公司（ARD）</td></tr>
<tr><td rowspan="4">发展历程</td><td>早期的私募股权投资基金</td><td>早期的私募股权投资基金主要是创业投资基金。1953 年，成立的美国小企业管理局（SBA）可直接向美国国会报告，专司促进小企业发展职责。1958 年，美国小企业管理局设立“小企业投资公司计划”（SBIC），该计划以低息贷款和融资担保的形式鼓励成立小企业投资公司，通过小企业投资公司增加对小企业的股权投资。至此，美国的创业投资市场开始迅速发展。1973 年，美国创业投资协会（NVCA）成立，标志着创业投资在美国发展成为专门行业</td></tr>
<tr><td>创业投资基金主要投资于中小成长型企业时期</td><td>在 20 世纪 50～70 年代，创业投资基金主要投资于中小成长型企业，此时创业投资基金为经典狭义创业投资基金。20 世纪 70 年代以后，创业投资基金开始对大型成熟企业进行并购投资，这时“创业投资”概念从狭义发展到广义</td></tr>
<tr><td>并购投资基金的发展</td><td>1976 年，KKR 集团成立以后专业化运作的并购投资基金开始出现，这就是经典的狭义上的私人股权投资基金。尤其是在 20 世纪 80 年代美国第四次并购浪潮中催生了一些著名并购基金管理机构（如黑石 1985 年、凯雷 1987 年和德太投资 1992 年等），极大促进了并购投资基金的发展</td></tr>
<tr><td>狭义股权投资基金管理机构美国私人股权投资协会(PEC)的设立</td><td>并购基金管理机构作为美国创业投资协会会员享受相应行业服务并接受行业自律。随着并购基金数量的增多及所管理资产规模的扩大，到 2007 年，一些并购基金管理机构（如 KKR、黑石、凯雷、德太投资等）脱离美国创业投资协会，发起设立了主要服务于并购基金的管理机构，即狭义股权投资基金管理机构的美国私人股权投资协会（PEC）</td></tr>
</table>

考点 2　国际私募股权投资基金发展的现状（表 1—3）

表 1—3　国际私募股权投资基金发展的现状

项　目	内　容
国际私募股权投资基金地位	经过 70 多年的发展，国际私募股权投资基金成为仅次于银行贷款和 IPO 的重要融资手段

续表

项　　目	内　　容
国际私募股权投资基金特点	国际私募股权投资基金规模庞大，投资领域广阔，资金来源广泛，参与机构多样
国际私募股权投资基金监管制度的完善	2008年国际金融危机之后，西方主要国家普遍加强了对私募股权投资基金行业的监管。2010年，美国出台了《多德—弗兰克法案》，提升了私募股权投资基金监管的审慎性。基金及投资管理人注册方面，该法案严格了投资管理人的注册制度，收紧了私募股权投资基金注册的豁免条件，要求一定规模以上的并购基金在联邦或州注册，创业投资基金可有条件豁免注册。信息披露方面，该法案加强对股权投资业务档案底稿的审查，而且还通过修改认可投资者和合格买家的定义，提高了对私募股权投资基金的信息披露要求。 2010年9月，欧洲议会通过了《泛欧金融监管改革法案》，2011年6月通过了《另类基金管理人指引》，针对私募股权投资基金行业的新的监管体系从而建立。该体系内容包括：①对私募股权投资基金实行统一监管；②监管的重点是基金管理人而不是基金本身；③抓大放小，重点监管大型基金的管理人；④建立和强化信息披露机制；⑤强化对杠杆的规制。2013年4月，鉴于创业投资基金通常不会导致风险外溢，为建立对创业投资基金的差异化监管安排，欧盟另行发布了《创业投资基金管理人指引》

考点3　我国私募股权投资基金发展的历史阶段（表1—4）

表1—4　　我国私募股权投资基金发展的历史阶段

发展的历史阶段		内　　容
探索与起步阶段（1985～2004年）	科技系统对创业投资基金的最早探索	1985年3月，原国家科委牵头有关部委草拟的《中共中央关于科学技术体制改革的决定》，首次指出“对于变化迅速、风险较大的高技术开发工作，可以设立创业投资给予支持”。紧接着在1985年9月，经国务院批准，原国家科委出资10亿元人民币成立“中国新技术创业投资公司”。1992年，国务院下发的《国家中长期科学技术发展纲领》，要求开辟风险投资等多种资金渠道，支持科技发展。随后，各地分别由地方政府出资设立以科技风险投资公司为名的创业投资机构。尤其是在1995年中共中央、国务院发布的《关于加速科学技术进步的决定》中，在全国首次提出实施科教兴国战略。1998年1月，原国家科委牵头国家计委等多部委组织成立“国家创业投资机制研究小组”，研究推动创业投资发展的政策措施
	国家财经部门对产业投资基金的探索	“私募股权投资基金”与“创业投资基金”的区别是“证券投资基金投资证券，创业投资基金直接投资产业”。在20世纪90年代，国内财经界将创业投资基金称为“产业投资基金”。 1993年8月，我国发行第一只公司型创业投资基金——淄博乡镇企业投资基金，并且该只基金在上海证券交易所上市。1996年6月，在总结淄博基金运作经验基础上，原国家计委向国务院上报《关于发展产业投资基金的现实意义、可行性分析与政策建议》，提出了“借鉴创业投资基金运作机

续表

发展的历史阶段		内　容
探索与起步阶段（1985～2004 年）	国家财经部门对产业投资基金的探索	制，发展有中国特色产业投资基金”的设想。原国家计委开始系统研究发展“产业投资基金”的有关问题，并推动有关制度建设。 1998 年，民建中央向全国政协会议提交的《关于加快发展我国风险投资事业的提案》，后来被称为“政协一号提案”，该提案对促进社会对创业投资的关注和重视起了积极作用
快速发展阶段（2005～2012 年）		2005 年 11 月，国家发展改革委等十部委联合颁布了《创业投资企业管理暂行办法》。在 2007～2009 年，出台针对公司型创业投资（基金）企业所得税优惠政策、《国务院办公厅关于促进创业投资引导基金规范设立与运作的指导意见》，创业板也随之推出。《创业投资企业管理暂行办法》及配套性政策措施的出台，使得创业投资基金得到发展。 2007 年 6 月，新实施的《中华人民共和国合伙企业法》（以下简称《合伙企业法》），使得各级地方政府为鼓励设立合伙型私募股权投资基金，出台较多财税优惠政策，随后各类私募股权投资基金迅速发展。同时，以合伙型私募股权投资基金为名的非法集资案也于 2008 年开始发生并蔓延。据此，2011 年 11 月，国家发展改革委发布了《关于促进股权投资企业规范发展的通知》
统一监管下的制度化发展阶段（2013 年至今）		2013 年 6 月，中央发出了《关于私募股权基金管理职责分工的通知》，明确由中国证券监督管理委员会（以下简称中国证监会）统一行使私募股权投资基金监管职责。2014 年 8 月，中国证监会发布《私募投资基金监督管理暂行办法》，对包括创业投资基金、并购投资基金等在内的私募类股权投资基金以及私募类证券投资基金和其他私募投资基金实行监管。 2014 年初，中国证券投资基金业协会开始对包括股权投资基金管理人在内的私募股权投资基金管理人进行登记，对其所管理的基金进行备案，并陆续发布相关自律规则，对包括股权投资基金在内的各类私募股权投资基金实施行业自律

考点 4　我国私募股权投资基金发展的现状

（1）市场规模增长迅速。当前我国已成为全球第二大股权投资市场。

（2）市场主体丰富。行业从发展初期阶段的政府和国有企业主导逐步转变为市场化主体主导。

（3）有力地促进了创新创业和经济结构转型升级。私募股权投资基金行业有力地推动了直接融资和资本市场在我国的发展，为互联网等新兴产业在我国的发展发挥了重大作用。

【典型习题】

1. 私募股权投资基金起源于(　　)。

A. 美国　　B. 英国

C. 德国　　D. 法国

2. 1946 年，美国成立的(　　)，被公认为全球第一家以公司形式运作的创业投资基金。

A. 小企业管理局（SBA）　　B. 创业投资协会（NVCA）

C. 研究与发展公司（ARD）　　D. 德太投资（TPG）

3. 20 世纪 50～70 年代，创业投资基金主要投资于(　　)，此时的创业投资基金为经典的狭义创业投资基金。

A. 大型成熟型企业　　B. 大型成长型企业

C. 小型成熟型企业　　D. 中小成长型企业

4. 2010 年 9 月，欧洲议会通过了《泛欧金融监管改革法案》，2011 年 6 月通过了《另类基金管理人指引》，从而建立了针对私募股权投资基金行业的新的监管体系。下列关于新的监管体系主要包括的内容，表述错误的是(　　)。

A. 监管的重点是基金管理人而不是基金本身

B. 对私募股权投资基金实行分层监管

C. 抓大放小，重点监管大型基金的管理人

D. 强化对杠杆的规制

5. 我国私募股权投资基金探索与起步阶段是(　　)。

A. 2005～2012 年　　B. 1985～2010 年

C. 2005～2010 年　　D. 1985～2004 年

6. 1993 年 8 月，原国家体改委和人民银行支持原中国农村发展信托投资公司率先成立了（　　），并在上海证券交易所上市，这是我国第一只公司型创业投资基金。

A. 通发有价证券投资基金　　B. 开元证券投资基金

C. 三峡投资基金　　D. 淄博乡镇企业投资基金

7. 国际私募股权投资基金行业经过 70 多年的发展，成为仅次于(　　)的重要融资手段。

A. 民间借款和 IPO　　B. 民间借款和银行贷款

C. 银行贷款和 IPO　　D. 融资租赁和 IPO

【参考答案】

1. A　2. C　3. D　4. B　5. D　6. D　7. C

第三节 私募股权投资基金的基本运作模式和特点

【教材解读】

考点 1 私募股权投资基金的基本运作模式和特点（表 1－5）

表 1－5　私募股权投资基金的基本运作模式和特点

项目		内容
基本运作模式		私募股权投资基金的运作流程是其实现资本增值的全过程。 在资本流动方面，资本首先从投资者流向私募股权投资基金，经过基金管理人投资决策之后，流入被投资企业。在投资之后阶段，基金管理人以各种方式参与被投资企业的管理，待企业经过一定时期的发展之后，选择合适时机再从被投资企业退出，进行下一轮资本流动循环。与资本流动相对应的私募股权投资基金运作的四个阶段是募资、投资、管理和退出
特点	投资期限长、流动性较差	由于私募股权投资基金主要在未上市企业股权或上市企业的非公开交易股权进行投资，通常需要 3～7 年才能完成投资的全部流程实现退出，股权投资因此被称为“耐心的资本”，私募股权投资基金因而也具有较长封闭期。私募股权投资基金的基金份额流动性较差，在基金清算前，基金份额转让或投资者退出均具有难度
	投后管理投入资源较多	股权投资是“价值增值型”投资。基金管理人在投资后管理阶段投入大量资源，一方面是为被投资企业提供各种商业资源和管理支持，帮助被投资企业更好发展；另一方面也通过参加被投资企业股东会、董事会等形式，对被投资企业进行监管，以应对被投资企业的信息不对称和企业管理层的道德风险
	专业性较强	私募股权投资基金的投资决策与管理涉及多个方面（如企业管理、资本市场、财务、行业、法律等），其高收益与高期望风险的特征也要求基金管理人必须具备很高的专业水准（尤其是要有善于发现具有潜在投资价值的独到眼光，具备帮助被投资企业创立、发展、壮大的经验和能力）。私募股权投资基金对于专业性有较高的要求，需要更多投资经验积累、团队培育和建设，体现出较明显的智力密集型特征，人力资本对于私募股权投资基金的成功运作发挥决定性作用。 由于私募股权投资基金管理对专业性的高要求，因此，市场上的私募股权投资基金委托专业机构进行管理，并在利益分配环节对基金管理人的价值给予更多的认可；还有就是在基金管理机构内部，也需建立有效和充分地针对投资管理团队成员的激励约束机制
	投资收益波动性较大	私募股权投资基金在整个金融资产类别中，属于高风险、高期望收益的资产类别。高风险主要在不同投资项目的收益呈现较大的差异性方面体现。创业投资基金投资于处于早中期的成长性企业，投资项目有较大的收益波动

续表

项目		内容
特点	投资收益波动性较大	性（有的投资项目会发生本金亏损，有的投资项目则可能带来巨大收益）。并购基金投资于价值被低估但相对成熟的企业，投资项目的收益波动性相对要小一些。 高期望收益主要体现为在正常的市场环境中，私募股权投资基金作为一个整体，其能为投资者实现投资回报率总体上处于一个较高水平。 从不同国家平均和长期水平看，私募股权投资基金的期望回报率高于固定收益证券和证券投资基金等资产类别

考点 2　私募股权投资基金的收益分配方式（表 1—6）

表 1—6　私募股权投资基金的收益分配方式

项目	内容
收益分配参与主体	市场参与主体包括投资者、管理人和第三方服务机构。就收益分配而言，则主要在投资者与管理人之间进行
收入主要来源	主要来源于所投资企业分配的红利以及实现项目退出后的股权转让所得。基金的收入扣除基金承担的各项费用和税收之后，首先用于返还基金投资者的投资本金。全部投资者获利本金返还之后，剩余部分就是基金利润
基金管理人的分配	基金管理人通常参与基金投资收益的分配，管理人因为参与管理，可以获得相当于基金利润一定比例的业绩报酬。 根据私募股权投资基金与基金管理人的约定，有时管理人需先让基金投资者实现某一门槛收益率之后，才可参与利润分成

考点 3　私募股权投资基金生命周期中的关键要素

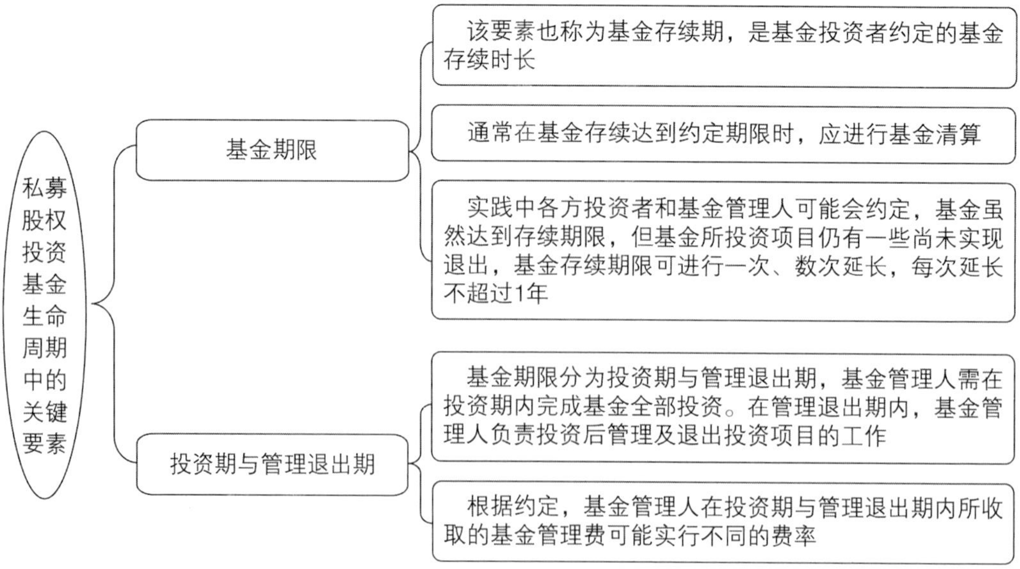

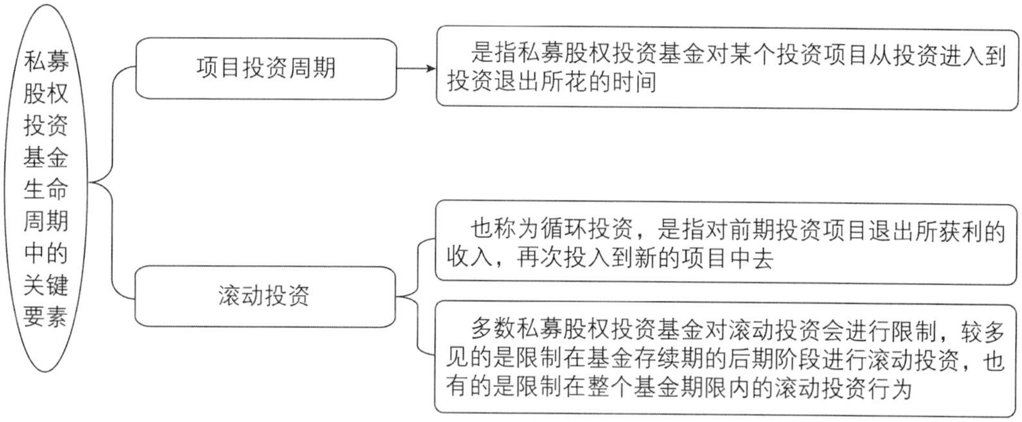

考点 4　私募股权投资基金运作中的现金流特点（表 1－7）

表 1－7　　私募股权投资基金运作中的现金流特点

项　目	内　容
基金募集过程中的现金流特点	在基金募集过程中，私募股权投资基金采用承诺资本制。投资者在设立基金的合同文件中承诺将向基金出资，并约定缴款条件，在条件达到时实际履行缴款出资义务。认缴资本是指投资者承诺向基金投资的总额度。实缴资本是指投资者在某一时间内实际已经完成的出资
基金成立后的现金流特点	基金成立后，通常需要一段时间来完成投资计划，在此期间投资者实缴资本中尚未投资出去的部分称为未投资资本。多数私募股权投资基金会约定，暂时闲置的未投资资本只能投资于低风险、高流动性的资产
基金从被投资企业实现退出的现金流特点	基金从被投资企业实现退出后，根据退出方式的不同，可能会通过相关渠道（如公开或私下股权转让、企业清算等）实现投资退出，获得退出现金流。退出投资项目后实现的收益，按投资者与管理人的约定进行分配

【典型习题】

1. 与资本流动相对应的私募股权投资基金运作的四个阶段是(　　)。

A. 分化、投资、管理和退出　　B. 募资、分化、管理和退出

C. 募资、投资、分化和退出　　D. 募资、投资、管理和退出

2. 由于私募股权投资基金主要投资于未上市企业股权或上市企业的非公开交易股权，通常需要(　　)才能完成投资的全部流程实现退出，股权投资因此被称为“耐心的资本”，私募股权投资基金也因而具有较长的封闭期。

A. 1～3 年　　B. 3～7 年

C. 3～5 年　　D. 5～10 年

3. 私募股权投资基金对于(　　)的要求较高，需要更多投资经验积累、团队培育和建设，体现出较明显的智力密集型特征，人力资本对于私募股权投资基金的成功运作发挥决定性作用。

A. 权威性　　B. 经济性
C. 合理性　　D. 专业性

4. 从不同国家的平均和长期水平来看，私募股权投资基金的(　　)证券和证券投资基金等资产类别。

A. 期望回报率要低于固定收益　　B. 期望回报率要高于固定收益
C. 固定收益要低于期望回报率　　D. 固定收益要高于期望回报率

5. 私募股权投资基金的市场参与主体中，就收益分配而言，则主要在(　　)之间进行。

A. 投资者与管理人　　B. 投资者与第三方服务机构
C. 第三方服务机构与管理人　　D. 政府行政部门与管理人

6. 下列关于私募股权投资基金的收益分配方式的描述，正确的是(　　)。

A. 私募股权投资基金的收入主要来源于所投资企业分配的红利以及未实现项目退出后的股权转让所得

B. 基金的收入扣除基金承担的各项费用和税收之后，首先用于返还基金投资者的投资本金，全部投资者获利本金返还之后，剩余部分即为基金利润

C. 由于私募股权投资基金具有专业性的特点，对基金管理的专业性要求较高，因此，作为一个基本做法，私募股权投资基金的第三方服务机构通常参与基金投资收益的分配

D. 通常情况下，第三方服务机构因为其管理可以获得相当于基金利润一定比例的业绩报酬

7. 私募股权投资基金生命周期中的关键要素，(　　)也称为基金存续期，是基金投资者约定的基金存续时长。

A. 基金期限　　B. 管理退出期
C. 投资期　　D. 项目投资周期

8. 私募股权投资基金对某个投资项目从投资进入到投资退出所花的时间被称为(　　)。

A. 基金期限　　B. 管理退出期
C. 投资期　　D. 项目投资周期

9. 基金从(　　)实现退出后，依退出方式不同，可能会通过公开或私下股权转让、企业清算等渠道实现投资退出，获得退出现金流。

A. 被投资企业　　B. 基金投资机构
C. 中介服务机构　　D. 基金管理机构

【参考答案】

1. D　2. B　3. D　4. B　5. A　6. B　7. A　8. D　9. A

第四节　私募股权投资基金在经济发展中的作用

【教材解读】

考点 1　我国私募股权投资行业的社会经济效益

（1）创业投资应对创业企业特别是中小科技企业信息不对称、不确定性高、资产结构以无形资产为主、融资需求呈现阶段性等特征更为有效。

（2）并购基金的投资运作模式与创业投资基金存在的区别：创业投资基金投资于有巨大发展潜力的早期企业，通过帮助企业发展壮大获利；而并购基金投资于价值被低估的企业，通过对被投资企业进行重整而获利。正是由于这个区别，并购基金有利于产业转型和升级，除财务型并购基金外，也有一些大型企业把并购基金作为产业转型升级的工具。

考点 2　我国私募股权投资行业的发展趋势

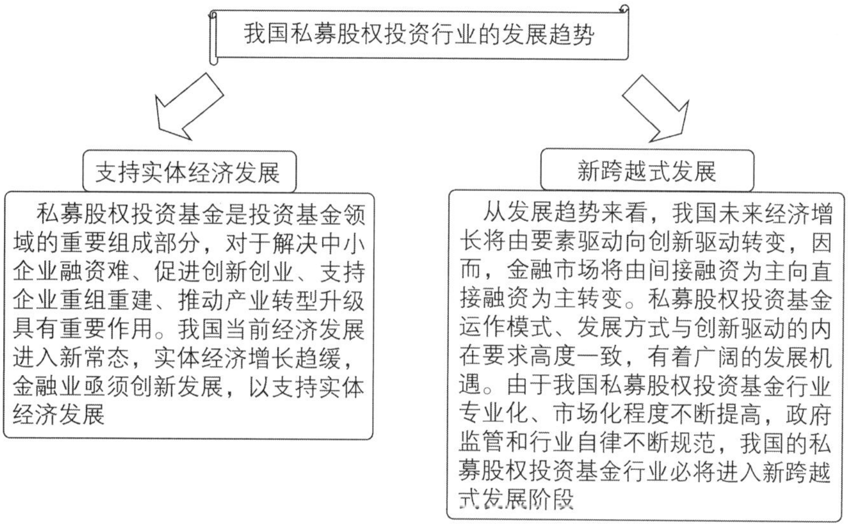

【典型习题】

1. 研究表明，创业投资可以更有效地应对创业企业特别是(　　)等特征。

A. 大型科技企业信息不对称、不确定性高、资产结构以有形资产为主、融资需求呈现阶段性

B. 大型科技企业信息不对称、不确定性高、资产结构以无形资产为主、融资需求呈现阶段性

C. 中小科技企业信息不对称、不确定性高、资产结构以有形资产为主、融资需求呈现阶段性

D. 中小科技企业信息不对称、不确定性高、资产结构以无形资产为主、融资需求呈现阶段性

2. 从发展趋势来看，未来我国经济的增长将由过去的要素驱动转向创新驱动，与此相适应，金融市场也将逐步由(　　)。

A. 直接融资为主转向间接融资为主

B. 间接融资为主转向直接融资为主

C. 民间借款融资为主转向银行贷款融资为主

D. 银行贷款为主转向民间借款融资为主

3. 随着我国私募股权投资基金行业(　　)程度不断提高，政府监管和行业自律不断规范，我国的私募股权投资基金行业必将进入新的跨越式发展阶段。

A. 经济化、市场化　　B. 层次化、市场化

C. 专业化、层次化　　D. 专业化、市场化

【参考答案】

1. D　　2. B　　3. D

第 2 章　私募股权投资基金的参与主体

【知识结构框架】

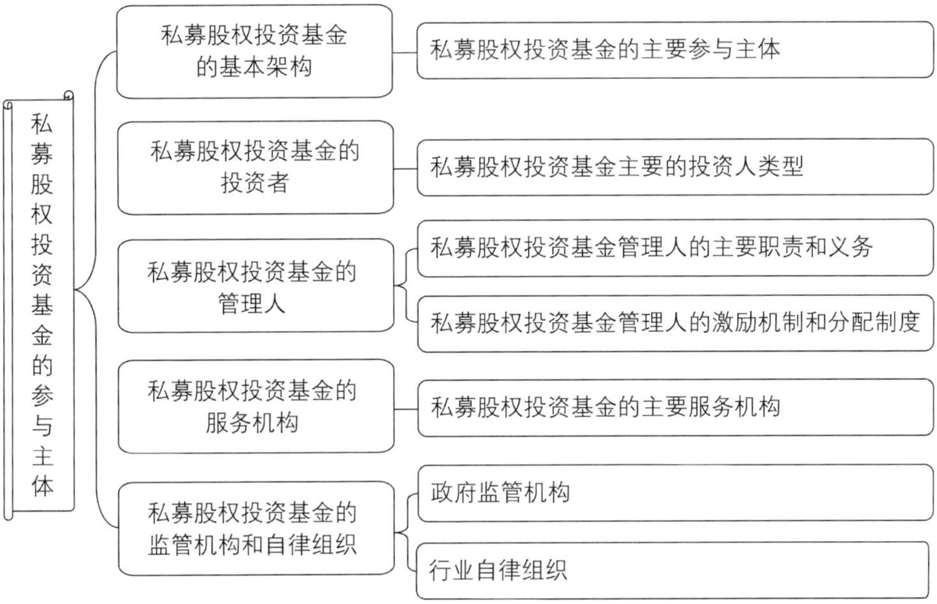

第一节　私募股权投资基金的基本架构

【教材解读】

考点　私募股权投资基金的主要参与主体

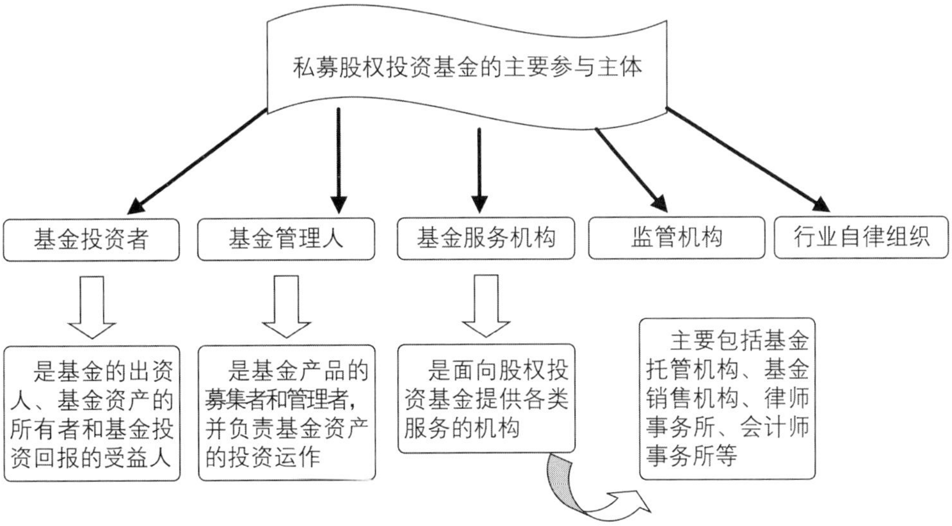

【典型习题】

1. 私募股权投资基金的参与主体主要包括(　　)。

A. 证券期货交易人员、基金管理人、基金服务机构、监管机构和行业自律组织

B. 基金投资者、证券期货交易人员、基金服务机构、监管机构和行业自律组织

C. 基金投资者、基金管理人、证券期货交易人员、监管机构和行业自律组织

D. 基金投资者、基金管理人、基金服务机构、监管机构和行业自律组织

2. 私募股权投资基金服务机构是面向股权投资基金提供各类服务的机构，不包括(　　)。

A. 中国证监会　　B. 律师事务所

C. 基金托管机构　　D. 会计师事务所

【参考答案】

1. D　　2. A

第二节　私募股权投资基金的投资者

【教材解读】

考点　私募股权投资基金主要的投资人类型

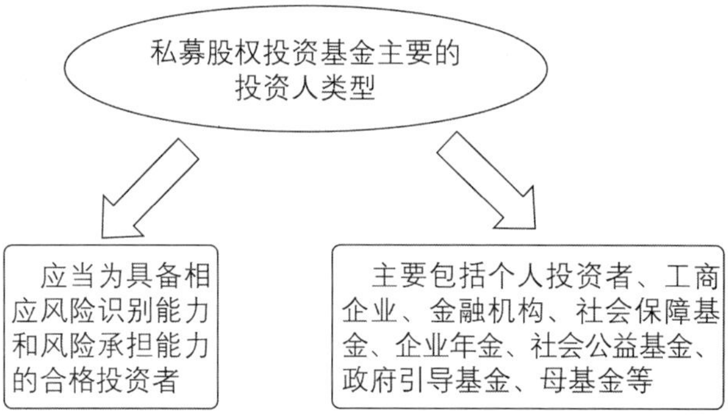

【典型习题】

1. 私募股权投资基金的投资者应当为具备相应(　　)的合格投资者。

A. 风险控制能力和风险承担能力　　B. 风险识别能力和风险控制能力

C. 风险识别能力和风险分化能力　　D. 风险识别能力和风险承担能力

2. 下列不属于私募股权投资基金的投资者的是(　　)。

A. 工商企业　　B. 封闭式基金

C. 金融机构　　D. 社会保障基金

【参考答案】

1. D　　2. B

第三节　私募股权投资基金的管理人

【教材解读】

考点 1　私募股权投资基金管理人的主要职责和义务

私募股权投资基金管理人的主要职责和义务

- 基金管理人在基金运作中具有核心作用，相关重要职能（如基金产品的设计、基金份额的销售与备案、基金资产的管理等）多半由基金管理人或基金管理人选定的其他服务机构承担
- 基金管理人最主要的职责是按照基金合同的约定，负责基金资产投资运作，在有效控制风险的基础上为基金投资者争取最大的投资收益

考点 2　私募股权投资基金管理人的激励机制和分配制度

私募股权投资基金管理人有权获得业绩报酬（按投资收益的一定比例计付）。

常见做法为：投资者在获得约定门槛收益率后，管理人才能获得业绩报酬。

【典型习题】

1. 关于私募股权投资基金管理人的主要职责和义务，下列说法中错误的是（　　）。

A. 私募股权投资基金管理人在基金运作中具有核心作用

B. 基金产品的设计、基金份额的销售与备案、基金资产的管理等重要职能多半由基金管理人或基金管理人选定的其他服务机构承担

C. 私募股权投资基金管理人最主要的职责就是按照基金合同的约定，负责基金资产的投资运作，在有效控制风险的基础上为基金投资者争取最大的投资收益

D. 私募股权投资基金管理人最主要的职责就是收集整理证券信息，为会员提供服务

2. 下列关于股权投资基金管理人的激励机制和分配制度的表述，正确的是（　　）。

A. 私募股权投资基金管理人无权获得业绩报酬

B. 管理费按投资收益的一定比例计付

C. 私募股权投资基金管理人获得业绩报酬的常见做法是，投资者在获得约定的门槛收益率后，管理人才能获得业绩报酬

D. 业绩报酬按行业规范规定的比例计付

【参考答案】

1. D　　2. C

第四节　私募股权投资基金的服务机构

【教材解读】

考点　私募股权投资基金的主要服务机构

私募股权投资基金的主要服务机构

- 主要包括基金托管机构、基金销售机构、律师事务所、会计师事务所等
- 除基金合同另有约定外，私募股权投资基金应当由基金托管人托管。基金合同约定私募股权投资基金不进行托管的，在基金合同中明确保障私募基金财产安全的制度措施和纠纷解决机制
- 私募股权投资基金可由基金管理人自行募集或委托基金销售机构募集
- 私募股权投资基金销售机构应当是在中国证监会注册取得基金销售业务资格并已成为中国证券投资基金业协会会员的机构
- 律师事务所和会计师事务所为基金提供法律和会计服务

【典型习题】

下列机构中，不属于私募股权投资基金服务机构的是（　　）。

A. 基金销售机构　　B. 基金托管机构

C. 律师事务所　　D. 金融机构

【参考答案】D

第五节　私募股权投资基金的监管机构和自律组织

【教材解读】

考点　我国私募股权投资基金的政府监管机构和行业自律组织（表2—1）

表2—1　我国私募股权投资基金的政府监管机构和行业自律组织

项　目	内　容
政府监管机构	我国私募股权投资基金的监管机构是中国证监会及其派出机构，依法对私募股权投资基金业务活动实施监督管理
行业自律机构	我国私募股权投资基金的自律组织是中国证券投资基金业协会，依法对私募股权投资基金业开展行业自律，协调行业关系，提供行业服务，促进行业发展

【典型习题】

下列选项中，(　　)及其派出机构是我国私募股权投资基金的监管机构，依法对私募股权投资基金业务活动实施监督管理。

A. 中国证券投资基金业协会　　B. 中国证监会

C. 中国证券业协会　　D. 中国银监会

【参考答案】 B

第 3 章　私募股权投资基金的分类

【知识结构框架】

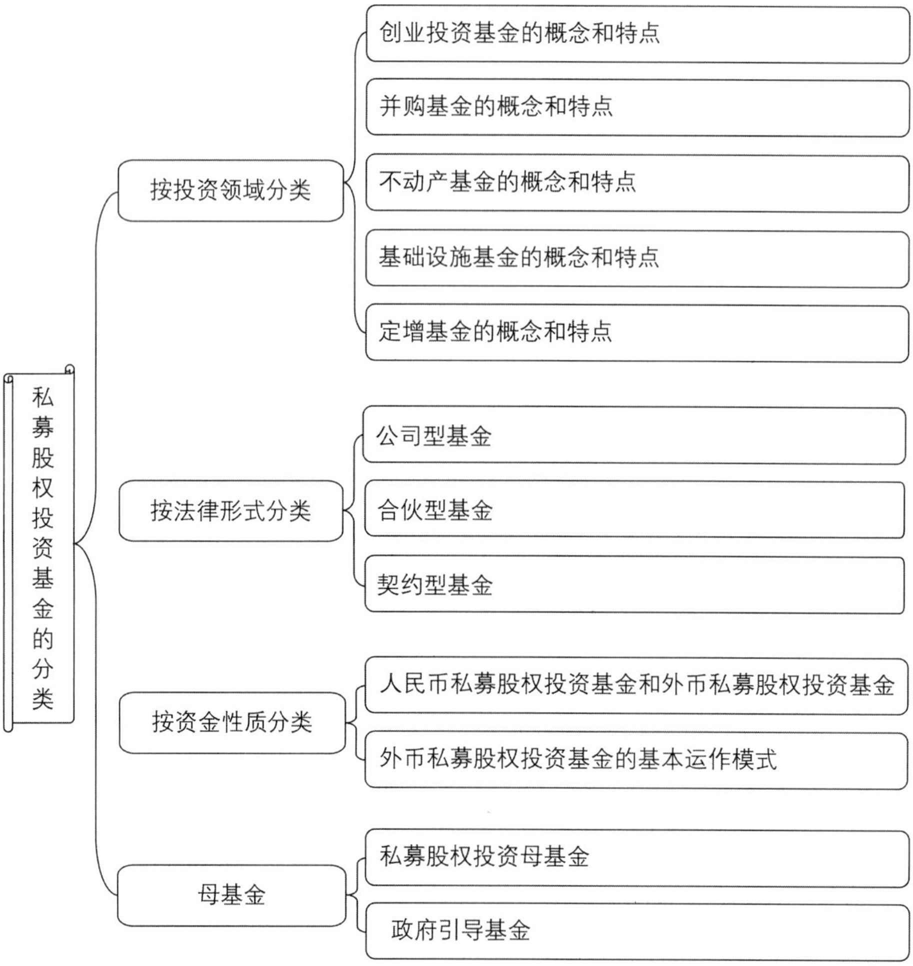

第一节　按投资领域分类

【教材解读】

考点 1　创业投资基金的概念和特点（表 3—1）

表 3—1　创业投资基金的概念和特点

项目		内容
概念		《私募投资基金监督管理暂行办法》规定，创业投资基金是指主要投资于未上市创业企业普通股或者依法可转换为普通股的优先股、可转换债券等权益的股权投资基金
特点	基金主要资助对象	是一般投资者或银行不愿提供资金的高科技、产品新、成长快的风险投资企业
	创业投资基金目的	以获取股利与资本利得为目的，而不是以控制被投资公司所有权为目的，创业投资者甘愿承担创业投资的风险，以追求较大的投资回报
	创业投资股权参与方式	包含创业投资者的股权参与，其中包括直接购买股票、认股权证、可转换债券等方式
	创业投资基金的管理	投资者并不直接参与产品的研究与开发、生产与销售等经营活动，而是间接地扶持被投资企业的发展，提供必要的财务监督与咨询，使所投资的公司能够健全经营、价值增值
	长期性投资	创业投资属于长期性的投资，流动性较差，一般需要 5～10 年方能有显著的投资回报

考点 2　并购基金的概念和特点（表 3—2）

表 3—2　并购基金的概念和特点

项目	内容
概念	并购基金是指主要对企业进行财务性并购投资的私募股权投资基金。狭义的私募股权投资基金是指并购基金
特点	（1）在资金募集方式上，主要通过非公开方式面向少数机构投资者、个人募集，其销售、赎回都是基金管理人通过私下与投资者协商进行。在投资方式上也是以私募形式进行，一般无需公告交易细节。 （2）在投资方式上，多采取权益型投资方式，很少涉及债权投资，并且在对被投资企业的决策管理享有一定的表决权。 （3）在投资对象的选择上，比较偏向于产业稳定、已形成一定规模和能产生稳定现金流的被低估的企业。 （4）一般投资于私有公司即非上市企业，很少投资已公开发行公司，不会涉及要约收购义务。

续表

项　目	内　容
特点	(5) 在机构设置方面，投资机构多采取有限合伙制，这种企业组织形式有很好的投资管理效率，并避免了双重征税的弊端。 (6) 投资退出渠道多样化，有首次公开发行上市、售出、兼并收购、标的公司管理层回购等。 (7) 高收益、高风险。一般投资期限较长，可达3～5年或更长，属于中长期投资。 (8) 流动性较差，无现成的市场供非上市公司的股权出让方与购买方直接达成交易。 (9) 资金来源广泛，包括富有的个人、风险基金、杠杆并购基金、战略投资者、养老基金、保险公司等

考点3　不动产基金的概念和特点（表3—3）

表3—3　不动产基金的概念和特点

项　目	内　容
概念	不动产基金指主要投资于土地以及建筑物等土地定着物的私募股权投资基金，也称为房地产投资基金。房地产投资基金是从事房地产的收购、开发、管理、经营和营销获取收入的集合投资制度。基金投资者收益主要是房地产基金拥有的投资权益的收益和服务费用。基金管理者收取代理费用
特点	具有流动性强、变现能力强、集合投资、专家管理、分散风险、降低交易成本、运作规范、便于投资者控制风险、面向投资者更为广泛、“单个投资制度”所无与伦比的制度优势

考点4　基础设施基金的概念和特点（表3—4）

表3—4　基础设施基金的概念和特点

项　目	内　容
概念	基础设施基金是专注投资于城市基础设施领域的私募投资基金。基础设施基金作为产业投资基金的一种，主要针对交通、城市基础设施等资金需求大、投资回收期长的基础设施产业
特点	(1) 长期投资，注重稳定回报。基础设施产业基金的主要投资者是养老金、保险等长期投资者，注重基金设施资产期限长、现金流稳定的特征，长期持有资产，为基金投资者创造稳定回报。 (2) 集中投资，控股为主。 (3) 积极管理，为持有资产提供增值服务。基金设施基金因为是控股为主的投资，因而可对所持有的资产进行积极管理。并依托专业资源为所管理的基金提供增值服务。

续表

项　　目	内　　容
特点	（4）以基金上市而不是项目上市作为退出安排。基金投资资产很少变现退出，而是长期持有，为满足投资者对基金流动性的需求，基金在设立一段时间后，将基金本身上市，为原始投资者提供退出和实现资本利得的机会。 （5）专业化基金

考点 5　定增基金的概念和特点（表 3－5）

表 3－5　　定增基金的概念和特点

项　　目	内　　容
概念	定增基金是指参与上市公司定向增发为主的基金，即主要投资于上市公司非公开发行的股票的投资基金
特点	（1）发行对象不得超过 10 人。定向增发是上市公司非公开发行股票的行为，并向特定投资者发行，一般是机构投资者。 （2）发行价格不低于定价基准日前 20 个交易市价均价的 90%。定价基准日是指计算发行底价的日子，包括本次非公开发行股票的董事会决议公告日、股东大会决议公告日、发行期的首日。 （3）有限售锁定期，发行股份自上市之日起 12 个月内（认购后变成控股股东或拥有实际控制权的 36 个月内）不得转让。 （4）平均收益率高

【典型习题】

1.《私募投资基金监督管理暂行办法》规定，（　　）是指主要投资于未上市创业企业普通股或者依法可转换为普通股的优先股、可转换债券等权益的私募股权投资基金。

A. 创业投资基金　　　　B. 并购基金

C. 不动产基金　　　　D. 基础设施基金

2. 创业投资股权参与方式包含创业投资者的股权参与方式不包括（　　）。

A. 可转换债券　　　　B. 直接购买股票

C. 认股权证　　　　D. 并购

3. 下列关于创业投资基金的说法，错误的是（　　）。

A. 创业投资基金以获取股利与资本利得为目的

B. 创业投资基金以控制被投资公司所有权为目的，创业投资者甘愿承担创业投资的风险，以追求较大的投资回报

C. 创业投资基金投资者不直接参与产品的研究与开发、生产与销售等经营活动

D. 创业投资基金投资者间接地扶持被投资企业的发展，提供必要的财务监督与咨询，使所投资的公司能够健全经营、价值增值

4. 并购基金在机构设置方面，投资机构多采取(　　)，这种企业组织形式有很好的投资管理效率，并避免了双重征税的弊端。

A. 信托制　　B. 契约制

C. 公司制　　D. 有限合伙制

5. 下列关于并购基金特点的描述，正确的是(　　)。

A. 在资金募集方式上，主要通过公开方式面向社会公众募集；在投资方式上也是以公募形式进行

B. 在投资方式上，少采取权益型投资方式

C. 在投资对象的选择上，比较偏向于产业稳定、已形成一定规模和能产生稳定现金流的被低估的企业

D. 投资退出渠道比较单一

6. 下列基金类型中，(　　)具有“单个投资制度”所无与伦比的制度优势。

A. 创业投资基金　　B. 并购基金

C. 不动产基金　　D. 基础设施基金

7. 不动产基金的特点不包括(　　)。

A. 流动性强、变现能力强

B. 集合投资、专家管理

C. 分散风险、降低交易成本

D. 投资者控制风险不易控制

8. 基础设施基金注重基金设施资产(　　)的特征，长期持有资产，为基金投资者创造稳定回报。

A. 期限长、现金流稳定　　B. 有限售锁定期

C. 期限长、控股为主　　D. 集中投资、现金流稳定

9. 主要投资于上市公司非公开发行的股票的投资基金是指(　　)。

A. 创业投资基金　　B. 并购基金

C. 定增基金　　D. 基础设施基金

10. 定增基金发行对象不得超过(　　)人。

A. 5　　B. 10

C. 15　　D. 20

【参考答案】

1. A　2. D　3. B　4. D　5. C　6. C　7. D　8. A　9. C　10. B

第二节　按法律形式分类

【教材解读】

考点 1　公司型基金（表 3－6）

表 3－6　　　　　　　　　　**公司型基金**

项　　目	内　　容
概念	公司型基金是指投资者依据《中华人民共和国公司法》（以下简称《公司法》），通过出资形成一个独立的公司法人实体，由公司法人实体自行或委托专业基金管理人进行管理的私募股权投资基金
公司法人实体采取的形式	在我国，公司法人实体采取有限责任公司或股份有限公司的形式
公司型基金的参与主体	主要为投资人和基金管理人。 其中，投资人是基金份额持有者及公司股东，按照公司章程行使相应权利、承担相应义务和责任。从投资人权利角度看，投资者作为公司的股东，可通过股东大会（股东会）和董事会委任并监督基金管理人。 该类型基金可由公司管理团队自行管理，或委托专业的基金机构担任基金管理人
我国公司型基金的法律依据	为《公司法》，基金按照公司章程来运营
架构	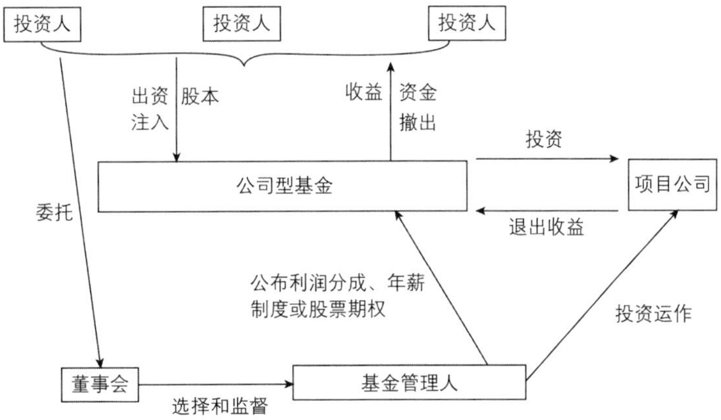

考点 2　合伙型基金（表 3－7）

表 3－7　　　　　　　　　　**合伙型基金**

项　　目	内　　容
概念	合伙型基金是指投资者依据《合伙企业法》成立有限合伙企业，由普通合伙人对合伙债务承担无限连带责任，由基金管理人具体负责投资运作的私募股权投资基金

续表

项　　目	内　　容
合伙型基金的参与主体	主要为普通合伙人、有限合伙人及基金管理人。 其中，普通合伙人对基金（合伙企业）债务承担无限连带责任，有限合伙人以其认缴的出资额为限对基金（合伙企业）债务承担责任。普通合伙人可自行担任基金管理人，或委托专业的基金管理机构担任基金管理人。有限合伙人则不参与投资决策。 作为一个独立非法人经营实体，有限合伙形式的私募股权基金拥有独立的财产；对于合伙企业债务，首先以合伙企业自身的财产对外清偿，不足部分再按照各合伙人所处的地位的不同予以承担；在有限合伙企业存续期内，各合伙人不得要求分割合伙企业财产。并且采用有限合伙形式的私募股权基金可以避免双重征税，并通过合理的激励及约束措施，保证在所有权和经营权分离的情形下，经营者与所有者利益的一致性，促进普通合伙人和有限合伙人的分工与协作，使各自的所长和优势得以充分发挥。除此之外，有限合伙形式的私募股权基金还具有的特点包括设立门槛低、设立程序简便、内部治理结构精简灵活、决策程序高效、利益分配机制灵活等
我国合伙型基金的法律依据	为《合伙企业法》，基金按照合伙协议来运营
架构	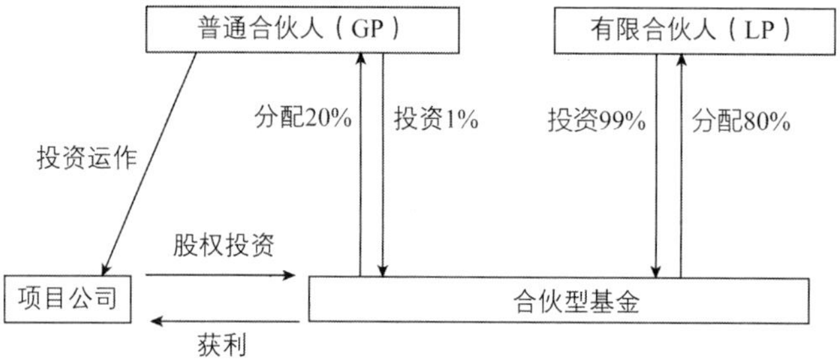

考点 3　契约型基金（表 3－8）

表 3－8　　契约型基金

项　　目	内　　容
概念	契约型基金是指通过订立信托契约的形式设立的私募股权投资基金，其本质是信托型基金。契约型基金不具有法律实体地位
契约型基金的参与主体	主要为基金投资人、基金管理人及基金托管人。 其中，基金投资人通过购买基金份额，享有基金投资收益。基金管理人依据法律、法规和基金合同负责基金的经营和管理操作。基金托管人负责保管基金资产，执行管理人有关指令，办理基金名下的资金往来

续表

<table>
<tr><th>项　　目</th><th>内　　容</th></tr>
<tr><td>契约型基金的法律依据</td><td>为《中华人民共和国信托法》（以下简称《信托法》）和《中华人民共和国证券投资基金法》（以下简称《证券投资基金法》），基金按照基金合同来运营</td></tr>
<tr><td>架构</td><td>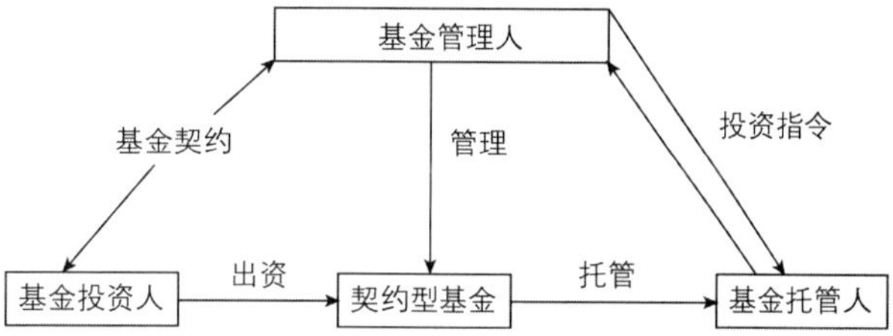
</td></tr>
</table>

【典型习题】

1. 下列选项中，(　　)基金的参与主体主要为投资者和基金管理人。

A. 公司型　　　　B. 合伙型

C. 契约型　　　　D. 混合型

2. 我国公司型基金的法律依据为《公司法》，基金按照(　　)来运营。

A. 合伙协议　　　　B. 基金合同

C. 公司章程　　　　D. 行业规范

3. 合伙型基金是指投资者依据《合伙企业法》成立有限合伙企业，由普通合伙人对合伙债务承担(　　)，由基金管理人具体负责投资运作的股权投资基金。

A. 无限连带责任　　　　B. 违约责任

C. 有限连带责任　　　　D. 单方责任

4. 下列关于合伙型基金的说法，正确的是(　　)。

A. 普通合伙人以其认缴的出资额为限对基金（合伙企业）债务承担责任，有限合伙人对基金（合伙企业）债务承担无限连带责任

B. 我国合伙型基金的法律依据为《公司法》，基金按照合伙协议来运营

C. 普通合伙人可自行担任基金管理人，或者委托专业的基金管理机构担任基金管理人

D. 有限合伙人参与投资决策

5. (　　)基金的法律依据为《信托法》和《证券投资基金法》，基金按照基金合同来运营。

A. 契约型　　　　B. 公司型

C. 合伙型　　　　D. 混合型

6. 契约型基金的(　　)通过购买基金份额，享有基金投资收益。

A. 基金投资人　　　　B. 基金管理人

C. 基金托管人　　　　D. 注册登记机构

【参考答案】

1. A　　2. C　　3. A　　4. C　　5. A　　6. A

第三节　按资金性质分类

【教材解读】

考点 1　人民币私募股权投资基金和外币私募股权投资基金（表 3—9）

表 3—9　　人民币私募股权投资基金和外币私募股权投资基金

<table>
<tr><th colspan="3">项　　目</th><th>内　　容</th></tr>
<tr><td rowspan="3">人民币私募股权投资基金</td><td colspan="2">概念</td><td>是指依据中国法律在中国境内设立的主要以人民币对中国境内非公开交易股权进行投资的私募股权投资基金</td></tr>
<tr><td rowspan="2">类型</td><td>内资人民币私募股权投资基金</td><td>是指中国国籍自然人或根据中国法律注册成立的公司、企业或其他经济组织依据中国法律在中国境内发起设立的主要以人民币对中国境内非公开交易股权进行投资的私募股权投资基金</td></tr>
<tr><td>外资人民币私募股权投资基金</td><td>是指外国投资者（外国投资者指外国公司、企业和其他经济组织或者个人）或外国投资者与根据中国法律注册成立的公司、企业或其他经济组织依据中国法律在中国境内发起设立的主要以人民币对中国境内非公开交易股权进行投资的私募股权基金</td></tr>
<tr><td colspan="3">外币私募股权投资基金</td><td>是相对于人民币私募股权投资基金而言的，是指依据中国境外的相关法律在中国境外设立，主要以外币对中国境内非公开交易股权进行投资的基金</td></tr>
<tr><td colspan="3">发展</td><td>我国私募股权投资基金业在发展早期以外资人民币私募股权投资基金和外币私募股权投资基金为主。
在 2008 年国际金融危机之后，全球私募股权投资基金募资额屡创新低，而中国市场逐步回暖，内资人民币私募股权投资基金崛起。
2009 年以后，内资人民币私募股权投资基金的数量超过外资人民币私募股权投资基金，人民币私募股权投资基金规模超过外币股权投资基金，且领先优势越来越大</td></tr>
</table>

考点 2　外币私募股权投资基金的基本运作模式

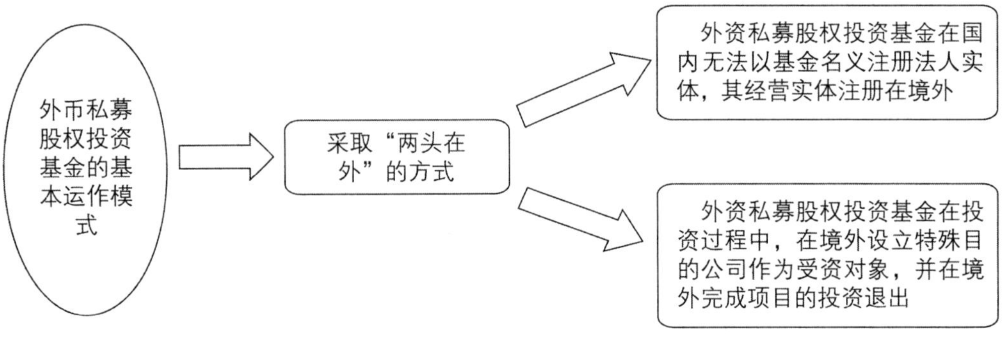

【典型习题】

1. 外国投资者或外国投资者与根据中国法律注册成立的公司、企业或其他经济组织依据中国法律在中国境内发起设立的主要以人民币对中国境内非公开交易股权进行投资的私募股权基金是指(　　)。

A. 内资人民币私募股权投资基金

B. 外资人民币私募股权投资基金

C. 外币私募股权投资基金

D. 人民币私募股权投资基金

2. 下列关于外币私募股权投资基金的基本运作方式的描述，错误的是(　　)。

A. 外币私募股权投资基金通常采取“一头在外”的方式

B. 外币私募股权投资基金无法在中国国内以基金名义注册法人实体

C. 外币私募股权投资基金的经营实体注册在中国境外

D. 外币私募股权投资基金在投资过程中，通常在境外设立特殊目的公司作为受资对象，并在境外完成项目的投资退出

【参考答案】

1. B　　2. A

第四节　母基金

【教材解读】

考点 1　私募股权投资母基金（表 3—10）

表 3—10　　**私募股权投资母基金**

项目		内容
私募股权投资母基金（基金中的基金）的概念		是以私募股权投资基金为主要投资对象的基金
私募股权投资母基金的运作模式	一级投资	是指母基金在私募股权投资基金募集时对基金进行投资，成为基金投资者。 在母基金发展的初期阶段，主要从事一级投资业务，并且一级投资业务是母基金的本源业务
	二级投资	是指母基金在私募股权投资基金募集完成后对已有股权投资基金或其投资组合进行投资。 母基金的投资方式按投资标的不同，分为： (1) 购买存续基金份额及后续出资额； (2) 购买基金持有的所投组合公司的股权

续表

项目		内容
私募股权投资母基金的运作模式	直接投资	是指母基金直接进行股权投资。 实际操作中，母基金通常和其所投资的私募股权投资基金联合投资，母基金扮演被动角色，让私募股权投资基金来管理投资
私募股权投资母基金的特点和作用	分散风险	母基金通常会在投资阶段，投资于多只私募股权投资基金，这些私募股权投资基金投资公司会达到一个较大的数量，这使母基金的投资实现多样性，从而使投资者实现风险分散
	专业管理	通常母基金管理人拥有全面的私募股权投资知识、人脉和资源，在对私募股权投资基金投资时，有利于作出正确的投资决策
	投资机会	大部分业绩出色的私募股权投资基金会获得超额认购，但投资者一般难以获得投资机会。而母基金作为私募股权投资基金的专业投资者，与私募股权投资基金有良好的长期关系，因此，有机会投资于这些基金。投资者通过投资于母基金而获得投资优秀基金的机会
	规模优势	母基金拥有相当的规模，能够吸引、留住及聘用行业内最优秀的投资人才。中小投资基金很少具有足够的资源来吸引类似规模及品质的投资团队
	富有经验	在进行私募股权投资基金投资时，经验非常重要。母基金作为专业投资者，富有经验，可为缺乏经验的投资者提供投资私募股权投资基金的渠道
	资产规模	在对私募股权进行投资时，投资规模是个问题，投资者往往因为资金太大或太小难以进行合适的投资。而母基金通过帮助投资者“扩大规模”或“缩小规模”来解决问题

考点2　政府引导基金（表3—11）

表3—11　　政府引导基金

项目	内容
政府引导基金的概念	是由政府财政出资设立并按市场化方式运作的、在投资方向上具有一定导向性的政策性基金，通常通过投资于创业投资基金，引导社会资金进入早期创业投资领域。并且政府引导基金本身不直接从事股权投资业务
政府引导基金的宗旨	是发挥财政资金的杠杆放大效应，增加创业投资的资本供给，克服单纯通过市场配置创业投资资本的市场失灵问题。尤其是通过鼓励创业投资基金投资处于创业早期（种子期、起步期等）的企业，弥补创业投资基金主要投资于成长期、成熟期的不足

续表

项　　目	内　　容
政府引导基金对创业投资基金的支持方式	包括参股、融资担保、跟进投资。 参股：是指政府引导基金主要通过参股方式，吸引社会资本共同发起设立创业投资企业。 融资担保：是指政府引导基金对历史信用记录良好的创业投资基金提供融资担保，支持其通过债权融资增强投资能力。 跟进投资：是指产业导向或区域导向较强的政府引导基金，通过跟进投资，支持创业投资基金发展并引导其投资方向
引导基金的运作原则	政府引导、市场运作和科学决策、防范风险
特点	（1）是不以营利为目的的政策性基金，并非商业性基金。 （2）发挥引导作用的机制是“主要通过扶持创业投资企业发展，引导社会资金进入创业投资领域”，而非直接从事创业投资。 （3）按市场化的有偿方式运作，而非通过拨款、贴息或风险补贴式的无偿方式运作

【典型习题】

1. 以私募股权投资基金为主要投资对象的基金是(　　)。

A. 公司型基金　　　　B. 私募股权投资母基金

C. 人民私募币股权投资基金　　　　D. 契约型基金

2. 下列业务中，(　　)是指母基金在私募股权投资基金募集时对基金进行投资，成为基金投资者。

A. 一级投资　　　　B. 二级投资

C. 直接投资　　　　D. 三级投资

3. 母基金的本源业务是(　　)。

A. 直接投资　　　　B. 三级投资

C. 一级投资　　　　D. 二级投资

4. 母基金的业务模式中，二级投资是指(　　)。

A. 母基金在私募股权投资基金募集时对基金进行投资，成为基金投资者

B. 母基金在私募股权投资基金募集完成后对已有私募股权投资基金或其投资组合进行投资

C. 母基金直接进行股权投资

D. 母基金间接进行股权投资

5. 母基金通常会投资于多只股权投资基金，这些私募股权投资基金投资的公司往往会达到一个较大的数量，这使母基金的投资实现多样性，从而投资者可以有效地实现(　　)。

A. 风险分散　　　　B. 专业化管理

C. 规模优势　　D. 缩小规模

6. 政府引导基金的宗旨是(　　)。

A. 发挥财政资金的杠杆放大效应，增加创业投资的资本供给，克服单纯通过市场配置创业投资资本的市场失灵问题

B. 按照基金合同的约定，负责基金资产的投资运作

C. 在有效控制风险的基础上为基金投资者争取最大的投资收益

D. 强化市场自我规范

7. 产业导向或区域导向较强的政府引导基金，通过(　　)，支持创业投资基金发展并引导其投资方向。

A. 参股　　B. 跟进投资

C. 融资担保　　D. 风险补助

8. 母基金的业务主要包括(　　)。

A. 一级投资、二级投资和三级投资

B. 间接投资、二级投资和直接投资

C. 一级投资、二级投资和直接投资

D. 一级投资、二级投资和间接投资

9. 下列业务中，(　　)是指母基金在私募股权投资基金募集完成后对已有股权投资基金或其投资组合进行投资。

A. 直接投资　　B. 三级投资

C. 一级投资　　D. 二级投资

【参考答案】

1. B　2. A　3. C　4. B　5. A　6. A　7. B　8. C　9. D

第 4 章　私募股权投资基金的募集与设立

【知识结构框架】

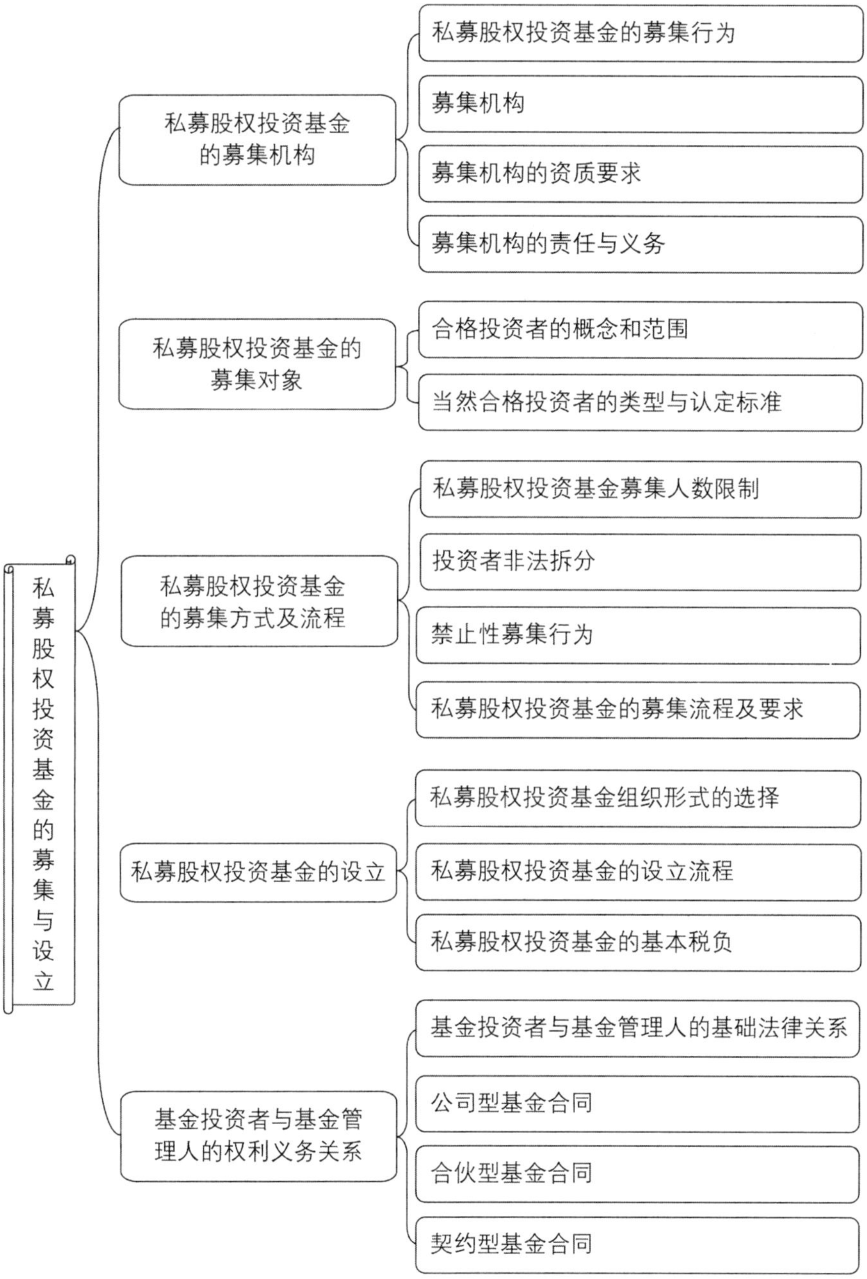

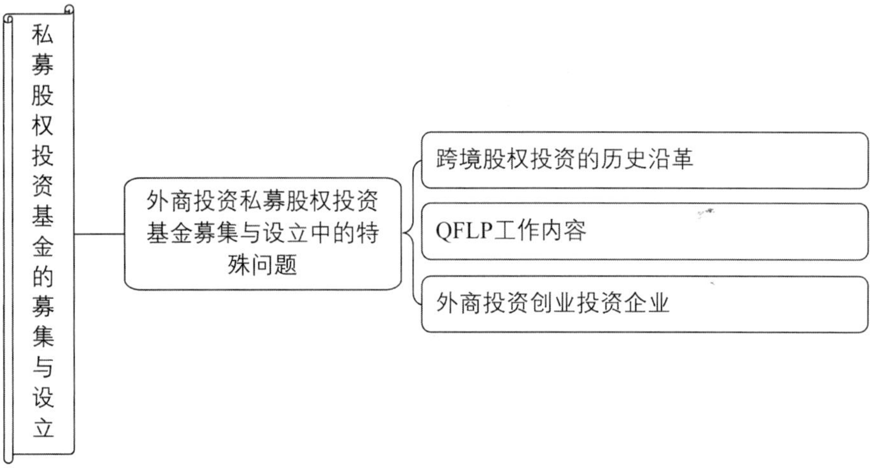

第一节　私募股权投资基金的募集机构

【教材解读】

考点 1　私募股权投资基金的募集行为（表 4—1）

表 4—1　　私募股权投资基金的募集行为

项　　目	内　　容
概念	是指私募股权投资基金管理人或者受其委托的募集服务机构向投资者募集资金用于设立股权投资基金的行为
具体募集行为	包括推介基金、发售基金份额、办理投资者认/申购（认缴）、份额登记、赎回（退出）等活动
基金募集类型	分为自行募集和委托募集。 （1）自行募集：由发起人自行拟定资本募集说明材料、寻找投资人的基金募集方式。 （2）委托募集：基金发起人委托第三方机构代为寻找投资人或借用第三方的融资通道来完成资金募集工作，并支付相应服务费或者“通道费”

考点 2　募集机构

考点3　募集机构的资质要求（表4—2）

表4—2　募集机构的资质要求

项　目	内　容
审查义务	我国私募股权投资基金管理机构开展基金募集行为，需要在中国证券投资基金业协会登记成为基金管理人
代销行为	如采用自行募集方式募集，基金管理人只可募集其自己发起设立的基金，不可销售其他基金管理人产品，即不允许基金管理人的代销行为
销售机构参与股权投资基金募集活动的条件	（1）在中国证监会注册取得基金销售业务资格。 （2）成为中国证券投资基金业协会会员。 （3）接受基金管理人委托（签署销售协议）
目前具有基金销售业务资格的主体	包括商业银行、证券公司、期货公司、保险机构、证券投资咨询机构、独立基金销售机构等
签署基金销售协议	采用委托募集方式募集，基金管理人与销售机构以书面形式签署基金销售协议
从事股权投资基金募集业务的人员资质	应当具有基金从业资格，需遵守法律、行政法规和中国证券投资基金业协会的自律规则，恪守职业道德和行为规范

考点4　募集机构的责任与义务

《私募投资基金募集行为管理办法》规定了募集机构的具体责任与义务：

（1）募集机构应当恪尽职守、诚实信用、谨慎勤勉，防范利益冲突，履行说明义务、反洗钱义务等相关义务，承担特定对象确定、投资者适当性审查、私募基金推介及合格投资者确认等相关责任。

（2）募集机构及其从业人员不得从事侵占基金财产和客户资金、利用私募基金相关的未公开信息进行交易等违法活动。

（3）私募基金管理人应当履行受托人义务，承担基金合同、公司章程或者合伙协议的受托责任。委托基金销售机构募集私募基金的，不得因委托募集免除私募基金管理人依法承担的责任。

（4）任何机构和个人不得为规避合格投资者标准，募集以私募基金份额或其收益权为投资标的的金融产品，或者将私募基金份额或其收益权进行非法拆分转让，变相突破合格投资者标准。募集机构应当确保投资者已知悉私募基金转让的条件。

（5）募集机构应当对投资者的商业秘密及个人信息严格保密。除法律法规和自律规则另有规定的，不得对外披露。

（6）募集机构应当妥善保存投资者适当性管理以及其他与私募基金募集业务相关的记录及其他相关资料，保存期限自基金清算终止之日起不得少于10年。

（7）募集机构或相关合同约定的责任主体应当开立私募基金募集结算资金专用账

户，用于统一归集私募基金募集结算资金、向投资者分配收益、给付赎回款项以及分配基金清算后的剩余基金财产等，确保资金原路返还。

私募基金管理人应当向中国基金业协会报送私募基金募集结算资金专用账户及其监督机构信息。

（8）募集机构应当与监督机构签署账户监督协议，明确对私募基金募集结算资金专用账户的控制权、责任划分及保障资金划转安全的条款。监督机构应当按照法律法规和账户监督协议的约定，对募集结算资金专用账户实施有效监督，承担保障私募基金募集结算资金划转安全的连带责任。

取得基金销售业务资格的商业银行、证券公司等金融机构，可以在同一私募基金的募集过程中同时作为募集机构与监督机构。符合前述情形的机构应当建立完备的防火墙制度，防范利益冲突。

（9）涉及私募基金募集结算资金专用账户开立、使用的机构不得将私募基金募集结算资金归入其自有财产。禁止任何单位或者个人以任何形式挪用私募基金募集结算资金。私募基金管理人、基金销售机构、基金销售支付机构或者基金份额登记机构破产或者清算时，私募基金募集结算资金不属于其破产财产或者清算财产。

【典型习题】

1. 私募股权投资基金的募集，是指私募股权投资基金管理人或者受其委托的募集服务机构向投资者募集资金用于设立私募股权投资基金的行为。下列不属于募集行为的是(　　)等。

A. 推介基金　　B. 发售基金份额

C. 办理投资者认/申购（认缴）　　D. 监督管理

2. 基金募集机构主要分为直接募集机构和受托募集机构。其中，直接募集机构是指(　　)。

A. 基金份额持有人　　B. 注册登记机构

C. 基金管理人　　D. 基金销售机构

3. 下列关于销售机构参与私募股权投资基金募集活动需满足的条件，描述错误的是(　　)。

A. 在中国证监会注册取得基金销售业务资格

B. 成为中国证券投资基金业协会会员

C. 接受基金托管人委托（签署销售协议）

D. 接受基金管理人委托（签署销售协议）

4. 如拟采用委托募集方式募集，基金管理人与销售机构以书面形式签署(　　)。

A. 理财服务协议　　B. 基金销售协议

C. 基金合同　　D. 基金资产托管协议

5. 募集机构应当妥善保存投资者适当性管理以及其他与基金募集业务相关的记录及其他相关资料，保存期限自基金清算终止之日起不得少于(　　)年。

A. 5　　B. 10

C. 15　　　　D. 20

6.《私募投资基金募集行为管理办法》规定，私募基金管理人应当履行受托人义务，承担(　　)的受托责任。

A. 理财服务协议、公司章程或者合伙协议

B. 基金合同、理财服务协议或者合伙协议

C. 基金合同、公司章程或者理财服务协议

D. 基金合同、公司章程或者合伙协议

7.《私募投资基金募集行为管理办法》规定，私募基金管理人应当向(　　)报送私募基金募集结算资金专用账户及其监督机构信息。

A. 中国基金业协会　　　　B. 中国证监会

C. 中国银监会　　　　D. 中国证券业协会

8.《私募投资基金募集行为管理办法》规定，取得基金销售业务资格的商业银行、证券公司等金融机构，可以在同一私募基金的募集过程中同时作为募集机构与监督机构。符合前述情形的机构应当建立完备的(　　)，防范利益冲突。

A. 关联交易制度　　　　B. 人事管理制度

C. 员工激励机制　　　　D. 防火墙制度

【参考答案】

1. D　2. C　3. C　4. B　5. B　6. D　7. A　8. D

第二节　私募股权投资基金的募集对象

【教材解读】

考点 1　合格投资者的概念和范围（表 4—3）

表 4—3　　**合格投资者的概念和范围**

项　目	内　容
概念	《证券投资基金法》规定，合格投资者是指达到规定资产规模或者收入水平，并且具备相应的风险识别能力和风险承担能力、其基金份额认购金额不低于规定限额的单位和个人
范围	根据中国证监会的规定，私募股权投资基金的合格投资者应具备相应的风险识别及风险承担能力，投资于单只股权投资基金的金额不低于 100 万元。除此之外对于单位投资者，要求其净资产不低于 1000 万元；对个人投资者，要求其金融资产（包括银行存款、股票、债券、基金份额、资产管理计划、银行理财产品、信托计划、保险产品、期货权益等）不低于 300 万元或者最近 3 年个人年均收入不低于 50 万元

考点 2　当然合格投资者的类型与认定标准

当然合格投资者的类型与认定标准

以下投资者视为当然合格投资者：

（1）养老基金（如社会保障基金、企业年金）和社会公益基金（如慈善基金等）；

（2）依法设立并在中国证券投资基金业协会备案的投资计划；

（3）投资于所管理私募股权投资基金的私募股权投资基金管理人及其从业人员；

（4）中国证监会和中国证券投资基金业协会规定的其他投资者

以合伙企业、契约等非法人形式的，通过汇集多数投资者的资金直接或间接投资于私募股权投资的，私募股权投资基金管理人或私募股权投资基金销售机构应当穿透核查最终投资者是否为合格投资者，投资者人数应合并计算。但是符合上述第（1）（2）（4）项规定的投资者投资于私募股权投资基金时，不再穿透核查最终投资者是否为合格投资者和合并计算投资者人数

【典型习题】

1.《证券投资基金法》规定，(　　)是指达到规定资产规模或者收入水平，并且具备相应的风险识别能力和风险承担能力、其基金份额认购金额不低于规定限额的单位和个人。

A. 合格投资者　　B. 基金管理人

C. 基金托管人　　D. 基金登记机构

2. 根据中国证监会的规定，私募股权投资基金的合格投资者应具备相应的风险识别能力和风险承担能力，投资于单只股权投资基金的金额不低于(　　)万元。

A. 50　　B. 100

C. 150　　D. 200

3. 根据中国证监会的规定，私募股权投资基金的合格投资者应具备相应的风险识别能力和风险承担能力，对于单位投资者要求其净资产不低于(　　)万元。

A. 100　　B. 200

C. 300　　D. 1000

4. 下列不属于金融资产的是(　　)。

A. 银行存款、股票　　B. 债券、基金份额

C. 资产管理计划、银行理财产品　　D. 商誉、企业出租的建筑物

5. 下列关于当然合格投资者的说法，错误的是(　　)。

A. 社会保障基金、企业年金等养老基金和慈善基金等社会公益基金是当然合格投资者

B. 以合伙企业、契约等非法人形式，通过汇集多数投资者的资金直接或者间接投资于基金的，基金管理人或者基金销售机构应当穿透核查最终投资者是否为合格投资者，并合并计算投资者人数

C. 投资于所管理基金的基金管理人及其从业人员被视为当然合格投资者

D. 中国银监会规定的其他投资者被视为当然合格投资者

【参考答案】

1. A　2. B　3. D　4. D　5. D

第三节　私募股权投资基金的募集方式及流程

【教材解读】

考点 1　私募股权投资基金募集人数限制（表 4—4）

表 4—4　私募股权投资基金募集人数限制

项　目	内　容
一般规定	《私募投资基金监督管理暂行办法》规定，私募基金应当向合格投资者募集，单只私募基金的投资者人数累计不得超过《证券投资基金法》《公司法》《合伙企业法》等法律规定的特定数量
我国目前私募股权投资基金投资者人数限制	（1）公司型基金：有限公司不超过 50 人、股份公司不超过 200 人。 （2）合伙型基金：不超过 50 人。 （3）契约型基金：不超过 200 人
其他规定	以合伙企业、契约等非法人形式，通过汇集多数投资者的资金直接或者间接投资于基金的，基金管理人或者基金销售机构应当穿透核查最终投资者是否为合格投资者，且投资者人数应合并计算。投资者转让基金份额的，受让人应当为合格投资者，且基金份额受让后投资者人数应当仍然符合相关法律规定的特定数量。 基金如果在募集中超过了上述的募集人数标准，无论募集机构与投资者沟通方式是否满足“特定化”标准，都构成公开发行

考点 2　投资者非法拆分

（1）基金拆分包括份额拆分和收益权拆分。这两种拆分都会突破合格投资者标准，因此都被严格禁止。

（2）任何机构和个人不得为规避合格投资者标准，募集以基金份额或其收益权为投资标的的金融产品，或将基金份额或其收益权进行非法拆分转让，变相地突破了合格投资者及其人数标准。募集机构应当确保投资者已知悉基金转让的条件。

（3）投资者应以书面方式为自己购买基金，任何机构和个人不得以非法拆分转让为目的购买私募股权投资基金。

考点 3　禁止性募集行为

（1）募集机构及其从业人员不得从事违法活动，如侵占基金财产和客户资金、利用基金相关的未公开信息进行交易等。

（2）在推介基金时，不得宣传的内容有“预期收益”“预计收益”“预测投资业绩”

等；不得违规使用的措辞包括“安全”“保证”等；基金推介材料中应避免出现相关表述。

（3）基金管理人如果委托未取得基金销售业务资格的机构募集基金的，中国证券投资基金业协会将不予办理基金备案业务。

（4）由中国证券投资基金业协会出台的《私募投资基金募集行为管理办法》对募集机构的禁止性行为以及募集媒介渠道作了详细规定。

考点 4　私募股权投资基金的募集流程及要求（表 4-5）

表 4-5　私募股权投资基金的募集流程及要求

募集流程	要　求
特定对象确定	（1）募集机构只向特定对象宣传推介私募基金。 （2）未经特定对象确定程序，不得向任何人宣传推介私募基金。 （3）在推介私募基金之前，募集机构采取问卷调查等方式履行特定对象确定程序，对投资者风险识别能力和风险承担能力进行评估。投资者书面承诺其符合合格投资者要求。 （4）募集机构采用互联网媒介在线向投资者推介私募基金之前，应设置在线特定对象确定程序，投资者应承诺其符合合格投资者标准
投资者适当性匹配	（1）募集机构自行或委托第三方机构对私募基金进行风险评级，建立科学有效的私募基金风险评级标准和方法。 （2）募集机构根据私募基金的风险类型和评级结果，向投资者推介与他们的风险识别能力和风险承担能力相匹配的私募基金
基金风险揭示	在投资者签署基金合同之前，募集机构应当向投资者说明有关法律法规，说明程序性安排（如投资冷静期、回访确认等）以及投资者权利，重点揭示私募基金风险，并与投资者签署风险揭示书
合格投资者确认	（1）私募基金风险揭示完成后，募集机构应当要求投资者提供必要的资产证明文件或收入证明。 （2）募集机构合理审慎地审查投资者是否符合私募基金合格投资者标准，依法履行反洗钱义务，确保单只私募基金的投资者人数累计不得超过法律规定的特定数量
投资冷静期	（1）基金合同应约定给投资者设置不少于 24 小时的投资冷静期。 （2）募集机构在投资冷静期内不得主动联系投资者
回访确认	（1）投资回访在投资冷静期满后，由从事基金销售推介业务以外的人员进行，并以录音电话、电邮、信函等适当方式进行投资回访，并保留证据。回访过程中不得出现诱导性陈述。 （2）回访内容：①确认受访人为本人或机构；②确认投资者为自己购买该基金产品及投资者按照要求亲笔签名或盖章；③确认投资者是否阅读并理解基金合同和风险揭示的内容；④确认投资者的风险识别能力及风险承担能力是否与私募基金产品相匹配；⑤确认投资者是否知悉投资者承担的主要费用及费率，投资者的权利、私募基金信息披露的内容、方式及频率；

续表

募集流程	要　求
回访确认	⑥确认投资者是否知悉可能承担投资损失；⑦确认投资者是否知悉投资冷静期的起算时间、期间以及享有的权利；⑧确认投资者是否知悉纠纷解决安排。 （3）在投资冷静期内进行的回访确认无效。 （4）投资者应在基金合同中约定在募集机构回访确认成功前有权解除基金合同。出现前述情形时，募集机构按合同约定及时退还投资者的全部认购款项。 （5）未经回访确认成功，投资者交纳认购基金款项不得由募集账户划转到基金财产账户或托管资金账户，私募基金管理人不得投资运作投资者交纳的认购基金款项

【典型习题】

1. 目前，我国私募股权投资基金以有限责任公司或者合伙企业形式设立的，合格投资者人数累计不超过（　　）人。

A. 50　　　　B. 100

C. 150　　　　D. 200

2. 下列关于私募股权投资基金中的禁止性募集行为的描述，正确的是（　　）。

A. 募集机构及其从业人员不得从事侵占基金财产和客户资金、利用基金相关的未公开信息进行交易等违法活动

B. 在推介基金时，可以宣传“预期收益”“预计收益”“预测投资业绩”等相关内容

C. 在推介基金时，可以使用“安全”“保证”等措辞

D. 基金管理人如果委托未取得基金销售业务资格的机构募集基金的，中国银监会将不予办理基金备案业务

3. 私募股权投资基金的募集流程中，关于特定对象确定的描述，错误的是（　　）。

A. 募集机构应当向特定对象宣传推介基金。未经特定对象确定程序，不得向任何人宣传推介基金

B. 投资者应当以口头形式承诺其符合合格投资者标准

C. 在向投资者推介基金之前，募集机构应当采取问卷调查等方式履行特定对象确定程序，对投资者风险识别能力和风险承担能力进行评估

D. 募集机构通过互联网媒介在线向投资者推介基金之前，应当设置在线特定对象确定程序，投资者应承诺其符合合格投资者标准

4. 募集机构应当（　　）对私募基金进行风险评级，建立科学有效的私募基金风险评级标准和方法。

A. 自行或者委托基金注册登记机构

B. 自行或者委托第三方机构

C. 委托基金登记机构或者委托第三方机构

D. 委托证券登记结算机构或者委托第三方机构

5.《私募投资基金募集行为管理办法》规定，基金合同应当约定给投资者设置不少于(　　)小时的投资冷静期，募集机构在投资冷静期内不得主动联系投资者。

A. 8　　　　B. 16

C. 24　　　　D. 32

6. 私募股权投资基金的募集流程中，关于回访确认的描述，正确的是(　　)。

A. 募集机构应当在投资冷静期满前，指令本机构从事基金销售推介业务以外的人员以录音电话、电邮、信函等适当方式进行投资回访

B. 回访过程中可出现诱导性陈述

C. 募集机构在投资冷静期内进行的回访确认有效

D. 未经回访确认成功，投资者交纳的认购基金款项不得由募集账户划转到基金财产账户或托管资金账户，基金管理人不得投资运作投资者交纳的认购基金款项

【参考答案】

1. A　　2. A　　3. B　　4. B　　5. C　　6. D

第四节　私募股权投资基金的设立

【教材解读】

考点 1　私募股权投资基金组织形式的选择

我国现行的私募股权投资基金组织形式主要包括公司型、合伙型及契约型，影响组织形式选择的因素主要包括法律依据、监管要求、与股权投资业务的适应度及基金运营实务的要求，以及税负等。

1. 法律依据

在新修订的《合伙企业法》和契约型基金相关法律法规生效前，早期私募股权投资基金主要依据《公司法》设立公司型私募股权投资基金。

近年来，我国股权投资基金的组织形式随着法律体系的不断完善而逐步丰富。2007 年 6 月 1 日，新修订的《合伙企业法》开始施行，增加新的组织形式“有限合伙”。有限合伙是由普通合伙发展而来，通过制度创新，能够适应私募股权投资基金运作。

广义上的契约型私募股权投资基金，在我国涵盖了多种形式，包括信托计划、资产管理计划、契约型基金等。信托制度与股权投资业务的结合度随着相关法律法规和行业指引的完善而逐步提高，也使契约型私募股权投资基金得到了发展。

2. 监管要求

我国私募股权投资基金监管经历了从国家发展改革委监管到中国证监会监管的演

进过程。但无论是谁监管，均依法由基金管理人自主选择基金及基金管理公司的组织形式。

3. 与股权投资业务的适应度（表 4—6）

表 4—6　　与股权投资业务的适应度

项　　目	内　　容
资金募集与出资安排	（1）私募股权投资基金的资金来源主要包括各类机构投资者和高净值个人客户。基金主要投向未上市企业的股权和已上市企业的非公开交易股权。基金资金规模一般较大、投资周期相对较长，因此，私募股权投资基金一般采用承诺资本制。 （2）对于公司型基金来说，现行《公司法》对公司相关方面（如注册资本限额、缴付安排及出资方式等）不再由法律作强制性规定（除非法律、行政法规、国务院有另外规定），全部由公司章程规定，因而可依据基金情况作适应性约定。 （3）合伙型基金根据《合伙企业法》，由合伙协议对出资方式、数额和缴付期限作约定。 （4）契约型基金通过契约方式建立基金投资者基金出资、取得收益分配的规则，现行法律法规未对契约型基金的出资安排作强制性规定，现行操作中大多根据基金管理人募集资金的便利性和项目投资的安排等在基金合同中作适应性约定。 除此之外，私募股权投资基金从资金募集角度作组织形式选择时，需符合各组织形式法律法规要求的人数限制
内部组织机构的设置与投资决策	（1）私募股权投资基金的核心业务是投资实施与管理退出，与之紧密相关的是各参与主体间的权利义务关系安排，尤其是投资决策权的设置机制。 （2）对于公司型基金，投资者出资成为公司股东，公司依法设置董事会（执行董事）、股东大会（股东会）以及监事会（监事），通过公司章程对公司内部组织结构设立、监管权限、利益分配划分作出规定。股东大会（股东会）是公司型基金的最高权力机构。并且在公司型基金中，投资者的权利较大，通过参与董事会直接参与基金运营决策，或在股东大会（股东会）层面对交由决策的重大事项、重大投资作决策。公司的基金管理运营团队进行投资管理时，一般在董事会之下设投资决策委员会，其成员由董事会委派；聘请外部管理机构作投资运营管理时，董事会决定外部管理机构的选择并起监督职能，监督投资的合法、合规、风险控制和收益实现。新的全球性“董事与经理分权”框架下，经营层面决策也可通过公司章程约定，由经理班子或者第三方管理机构行使，当涉及保护投资者权益重大决策时，必须由董事会之类的机构作出。 （3）对于合伙型基金，基金投资者以有限合伙人身份存在，汇集股权投资所需的大部分资金，以其认缴出资额为限对合伙企业债务承担责任，并且对外不可以代表合伙企业，仅在法律和监管约定适当范围内参与合伙企业事务可不被视为执行合伙事务。普通合伙人对合伙企业债务承担无限连带责任，合伙企业投资与资产处置最终决策权应由普通合伙人作出。在实际

续表

项　　目	内　　容
内部组织机构的设置与投资决策	操作中，合伙协议中会明确合伙人会议的召开条件、程序、职能或权力以及表决方式等，合伙人会议并不对合伙企业的投资业务作出决策和管理。 （4）对于契约型基金，基金合同当事人遵循相关原则（如平等自愿、诚实信用、公平等）订立基金合同，以契约方式订明当事人权利和义务。投资者在契约框架下一般作为“委托人”，把财产“委托”给基金管理人管理后，由基金管理人全权负责经营和运作，类似合伙型基金常见的投资咨询委员会或顾问委员会通常不设置，即使有设置，投资者也不参与其人员构成。契约型基金决策权归属基金管理人
收益分配安排	（1）对于公司型基金，收益分配原则为“先税后分”，即按年度缴纳公司所得税之后，按照公司章程中关于利润分配的条款进行分配，收益分配的时间安排灵活性相对较低；与此同时，公司型基金税后利润分配严格依据《公司法》，在亏损弥补（如适用）和提取公积金（如适用）之后，分配顺序的灵活性也相对较低。 （2）对于合伙型基金，收益分配原则为“先分后税”，即合伙企业的“生产经营所得和其他所得”由合伙人按照国家有关税收规定分别缴纳所得税，在基金层面不缴纳所得税。在实际操作中，合伙型基金的收益分配原则、时点和顺序在更大自由度内进行适应性安排。 （3）对于契约型基金，其契约属性、收益分配安排通过契约约定，但在实际操作中相关约定同样需参照现行行业监管和业务指引的要求
基金运营实务的要求	三种基金组织形式在基金运营实务中因各自的法律主体地位不同，由此产生一些差异，包括基本税负区别、权益登记流程区别等

考点 2　公司型基金的设立与备案（表 4—7）

表 4—7　　公司型基金的设立与备案

项　　目	内　　容
有限责任公司的设立条件	《公司法》规定，设立有限责任公司，应当具备下列条件： （1）股东符合法定人数； （2）有符合公司章程规定的全体股东认缴的出资额； （3）股东共同制定公司章程； （4）有公司名称，建立符合有限责任公司要求的组织机构； （5）有公司住所
股份有限公司的设立条件	《公司法》规定，设立股份有限公司，应当具备下列条件： （1）发起人符合法定人数； （2）有符合公司章程规定的全体发起人认购的股本总额或者募集的实收股本总额； （3）股份发行、筹办事项符合法律规定；

续表

<table>
<tr><th colspan="2">项　　目</th><th>内　　容</th></tr>
<tr><td colspan="2">股份有限公司的设立条件</td><td>（4）发起人制定公司章程，采用募集方式设立的经创立大会通过；
（5）有公司名称，建立符合股份有限公司要求的组织机构；
（6）有公司住所</td></tr>
<tr><td rowspan="5">设立步骤与备案</td><td>名称预先核准</td><td>根据相关法律法规对企业名称特别规定为企业准备名称，并依据所在地工商登记机构的流程要求进行名称预先核准</td></tr>
<tr><td>申请设立登记</td><td>在名称核准通过后，需依据《公司法》《公司登记管理条例》以及各地工商登记机构的要求提交申请材料，作设立登记事宜</td></tr>
<tr><td>领取营业执照</td><td>申请人提交申请材料应当齐全，并符合法定形式，登记机构能够当场登记的，应予当场登记，颁发营业执照。公司营业执照签发日期就是公司成立日期。领取营业执照后，还应刻制企业印章，申请纳税登记，开立银行基本账户等</td></tr>
<tr><td>基金备案</td><td>按照现行自律规则，基金管理人应在基金募集完毕后限定时间内通过中国证券投资基金业协会的产品备案系统进行备案，根据要求如实填报相关信息</td></tr>
<tr><td>其他</td><td>对于有限责任公司型基金，由全体股东指定代表或者共同委托代理人向公司登记机关申请设立登记；对于股份公司型基金，则由董事会向公司登记管理机关申请设立登记</td></tr>
</table>

考点 3　合伙型基金的设立与备案（表 4—8）

表 4—8　　合伙型基金的设立与备案

项　　目	内　　容
有限合伙企业的设立条件	根据《合伙企业法》的相关规定，设立有限合伙企业，应当具备下列条件： （1）有限合伙企业由 2 个以上 50 个以下合伙人设立，但是法律法规另有规定的除外，有限合伙企业至少应当有一个普通合伙人； （2）有书面合伙协议； （3）有限合伙企业名称中应当标明“有限合伙”字样； （4）有限合伙人认缴或者实际缴付的出资； （5）有限合伙人可以用货币、实物、知识产权、土地使用权或者其他财产权利作价出资（有限合伙人不得以劳务出资，但在私募股权投资基金领域，普通合伙人通常只宜以货币形式出资）； （6）有生产经营场所； （7）法律法规规定的其他条件
设立步骤与备案	公司型基金与合伙型基金，均由工商登记机构做登记管理，且设立步骤相同，分别为名称预先核准、申请设立登记、领取营业执照和基金备案

考点 4　契约型基金的设立与备案（表 4－9）

表 4－9　契约型基金的设立与备案

项　　目	内　　容
设立	对于契约型基金，其设立过程不涉及工商登记程序，通过订立基金合同明确投资人、管理人及托管人在私募基金管理业务过程中的权利、义务及职责，确保委托财产的安全，保护当事人各方的合法权益
备案	基金备案要求与其他组织形式基金相同，由管理人在基金成立日起限定日期内到中国证券投资基金业协会办理备案手续，基金在中国证券投资基金业协会完成备案后方可投资运作

考点 5　公司型基金的税负分析（表 4－10）

表 4－10　公司型基金的税负分析

项　　目	税负分析
流转税——增值税	对生产、销售商品或提供劳务过程中实现的增值额或对规定的营利事业和经营行为以及规定的消费品或消费行为征收的税收是指流转税。 主要税种有增值税、消费税、营业税，统称为流转税。 在股权投资业务中，项目股息、分红收入不属于增值税征税范围，而是属于股息红利所得。项目退出收入若是通过非上市股权转让方式（如并购、回购等）退出的，也不属于增值税征税范围；若项目上市后通过二级市场退出，则需按税务机关的要求，计缴增值税
所得税	在基金层面，根据税法规定，公司型基金从符合条件境内被投企业取得的股息红利所得，企业所得税则无需缴纳；股权转让所得则按照基金企业的所得税税率，缴纳企业所得税。 公司型基金投资者，作为公司股东从公司型基金获得分配是税后利润的分配，故对于投资者来说，以股息红利获得分配时，根据现行税法规定，所得税不需再缴纳，故不存在双重征税的问题；自然人投资者需就分配缴纳股息红利所得税并由基金代扣代缴，故需承担双重征税（公司所得税与个人所得税）

考点 6　合伙型基金的税负分析（表 4－11）

表 4－11　合伙型基金的税负分析

项　　目	税负分析
流转税——增值税	在合伙企业层面，项目股息、分红收入不属于增值税征税范围，而是属于股息红利所得；对于项目退出收入，若是通过非上市股权转让方式（如并购或回购等）退出的，也不属于增值税征税范围；若项目上市后通过二级市场退出，则需按税务监管机关的要求计缴增值税。 对于普通合伙人或基金管理人，作为收取管理费及业绩报酬的主体时，需按照适用税率计缴增值税和相关附加税费

续表

项　　目	税负分析
所得税	根据《合伙企业法》等相关规定，合伙企业生产经营所得和其他所得采取"先分后税"的原则。合伙企业合伙人是自然人的，需要缴纳个人所得税；合伙人是法人和其他组织的，需要缴纳企业所得税。 对于合伙型基金，其投资者作为有限合伙人，收入主要有股息红利和股权转让所得。根据现行规定，若有限合伙人为自然人，股息红利和股权转让所得按照投资者个人的"生产、经营所得"，适用 5%～35%的超额累进税率，计缴个人所得税；若有限合伙人为公司，股息红利和股权转让所得作为企业所得税应税收入，计缴企业所得税。在实际操作中，有限合伙型基金一般根据税法规定，由基金代扣代缴自然人投资者的个人所得税。 对于合伙型基金的普通合伙人，通常为公司法人，若普通合伙人同时担任基金管理人，其收入主要是按投资额分得股息红利和股权转让所得、基金的管理费和业绩报酬，按照现行税务机关规定，均应作为企业所得税应税收入，需缴纳企业所得税。若普通合伙人本身为有限合伙企业，也按照"先分后税"原则，在合伙制普通合伙人层面不缴纳企业所得税，需再往下一层由每一位合伙人作为纳税义务人

考点 7　契约型基金的税负分析（表 4—12）

表 4—12　　契约型基金的税负分析

项　　目	税负分析
一般规定	《证券投资基金法》规定，"基金财产投资的相关税收，由基金份额持有人承担，基金管理人或者其他扣缴义务人按照国家有关税收征收的规定代扣代缴"，但进行私募股权投资业务的契约型私募股权投资基金税收政策有待进一步明确。并且，在《信托法》及相关部门规章中也没有涉及信托产品相关的税收处理问题，目前税务机构也尚未出台关于信托税收的统一规定
实际操作	在实际操作中，信托计划、资管计划以及契约型基金不作为课税主体，也无代扣代缴个税的义务，由投资者自行缴纳相应税收。但是相关税收政策可能会做出最终明确，并且与现行实际操作产生影响，故中国证券投资基金业协会要求私募基金管理人需通过私募投资基金风险揭示书等，对契约型基金税收风险进行提示

【典型习题】

1. 我国现行的私募股权投资基金组织形式主要为公司型、合伙型及契约型，影响组织形式选择的因素众多，主要包括(　　)等。

A. 设立依据、监管要求、与股权投资业务的经济性及基金运营实务的要求，以及税负

B. 设立依据、监管要求、与股权投资业务的适应度及基金运营实务的要求，以及税负

C. 法律依据、规范要求、与股权投资业务的适应度及基金运营实务的要求，以及税负

D. 法律依据、监管要求、与股权投资业务的适应度及基金运营实务的要求，以及税负

2. 无论是国家发展改革委时期的监管规则，还是现行中国证监会的监管法规，均依法由(　　)自主选择基金及基金管理公司的组织形式。

A. 基金管理人　　B. 基金投资人

C. 基金托管人　　D. 基金注册登记机构

3. 对于公司型基金，现行的《公司法》对公司的注册资本限额、缴付安排及出资方式等方面不再由法律作强制性规定，全部由(　　)进行规定，因此可根据基金情况进行适应性约定。

A. 公司章程　　B. 基金合同

C. 合伙协议　　D. 合规责任

4. 公司型基金中，投资者出资成为公司股东，公司需依法设立(　　)，通过公司章程对公司内部组织结构设立、监管权限、利益分配划分作出规定。

A. 合规与风险管理委员会、股东大会（股东会）以及监事会（监事）

B. 董事会（执行董事）、合规与风险管理委员会以及监事会（监事）

C. 董事会（执行董事）、股东大会（股东会）以及监事会（监事）

D. 董事会（执行董事）、股东大会（股东会）以及合规与风险管理委员会

5. 对于契约型基金来讲，基金合同当事人遵循(　　)订立基金合同，以契约方式订明当事人的权利和义务。

A. 公开公正、诚实信用、公平原则

B. 平等自愿、公开公正、公平原则

C. 平等自愿、诚实信用、公开公正

D. 平等自愿、诚实信用、公平原则

6. 公司型基金分配时为“(　　)”，即按年度缴纳公司所得税之后，按照公司章程中关于利润分配的条款进行分配，收益分配的时间安排灵活性相对较低。

A. 先税后分　　B. 先分后税

C. 同时分配　　D. 统一分配

7. 在基金的运营实务中，契约型基金、合伙型基金、公司型基金等组织形式因各自的(　　)不同，而产生了一系列差异，包括基本税负区别、权益登记流程区别等。

A. 利益分配制度　　B. 法律主体地位

C. 内部组织机构设置　　D. 资金募集方式

8. 根据《公司法》的相关规定，设立股份有限公司，应当具备的条件不包括(　　)。

A. 发起人符合法定人数

B. 有符合公司章程规定的全体发起人认购的股本总额或者募集的实收股本总额

C. 发起人制定公司章程，采用募集方式设立的经证监会通过

D. 有公司名称，建立符合股份有限公司要求的组织机构

9. 根据《合伙企业法》的相关规定，下列关于设立有限合伙企业应当具备的条件，说法错误的是(　　)。

A. 有限合伙企业由 1 个以上 40 个以下合伙人设立，但是法律法规另有规定的除外，有限合伙企业至少应当有一个普通合伙人

B. 有书面合伙协议

C. 有限合伙企业名称中应当标明“有限合伙”字样

D. 有限合伙人认缴或者实际缴付的出资

10. 下列关于合伙型基金税负分析的说法，正确的是(　　)。

A. 合伙企业层面的项目股息、分红收入不属于股息红利所得，属于增值税征税范围

B. 普通合伙人或基金管理人作为收取管理费及业绩报酬的主体时，需按照适用税率计缴增值税和相关附加税费

C. 合伙企业合伙人是自然人的，缴纳企业所得税

D. 合伙型基金的投资者作为有限合伙人，收入主要为股息红利，不包括股权转让所得

【参考答案】

1. D　2. A　3. A　4. C　5. D　6. A　7. B　8. C　9. A　10. B

第五节　基金投资者与基金管理人的权利义务关系

【教材解读】

考点 1　基金投资者与基金管理人的基础法律关系（表 4　13）

表 4－13　基金投资者与基金管理人的基础法律关系

基金投资者与基金管理人	基础法律关系
公司型基金投资者和基金管理人	公司型基金份额的持有方式是成为公司的股东，即投资人认缴出资或认购股份成为公司股东，进而依法享有股东权利，并承担在《公司法》各条款中约定董事，股东、高级管理人员可能的民事、行政和刑事法律责任。《公司法》规定，“公司以其全部财产对公司的债务承担责任。有限责任公司的股东以其认缴的出资额为限对公司承担责任；股份有限公司的股东以其认购的股份为限对公司承担责任”。公司型基金的组织形式多体现“资合”的属性，股权转让一般不对基金带来直接影响，股权转让需符合《公司法》相关条款规定，但限制相对较少。

续表

基金投资者与基金管理人	基础法律关系
公司型基金投资者和基金管理人	作为股东基金份额持有人对基金投资与运营管理参与方式，主要通过可能参与董事会以对基金的投资活动产生影响。《公司法》规定，“公司的控股股东、实际控制人、董事、监事、高级管理人员不得利用其关联关系损害公司利益。违反前款规定，给公司造成损失的，应当承担赔偿责任”。由于公司型基金能够建立有效的法人治理机制，以及基金管理人员变动一般不会导致基金解体，故基金稳定性较强
合伙型基金投资者和基金管理人	合伙型基金在有限合伙框架下，参与主体之间权利义务关系较符合股权投资业务“人合＋资合”的特性，普通合伙人对基金债务承担无限连带责任；而投资人作为有限合伙人，仅以出资构成基金投资的资金规模，对外不能代表合伙企业，以其认缴出资额为限对合伙企业债务承担责任。 大部分采用有限合伙企业形式的私募股权投资基金，会在合伙协议里对合伙企业经营范围作出约定，但基金仍然可能会因为违约责任或其他债务责任，进而导致普通合伙人被清算；在实际操作中，普通合伙人仅以一定比例出资参与合伙企业并执行合伙事务，而将投资项目管理和行政事务委托给管理机构，并通过协议约定，向管理机构支付管理费和分配业绩报酬。但是需要注意的是，合伙企业投资管理和行政事务委托并不因此免除普通合伙人对本合伙企业的责任和义务，本合伙企业投资资产处置的最终决策由普通合伙人作出
契约型基金投资者和基金管理人	信托公司在信托契约形式下，可以直接作为基金投资管理人，也可与基金管理人合作作为融资渠道，扮演资金募集人角色，并由投资顾问进行基金投资管理。 在资产管理计划或契约型基金形式下，基金的直接参与主体是基金管理人。因此，广义的契约型基金形式下投资者与管理人之间是一种委托或者信托法律关系

考点2　公司型基金合同（表4－14）

表4－14　公司型基金合同

项　目	内　容
组织形式相关的内容	主要有：基本情况；股东出资；股东的权利义务；入股、退股及转让；股东（大）会；高级管理人员；财务会计制度；终止、解散及清算；章程的修订
股权投资业务相关的内容	主要有：投资事项；管理方式；托管事项；利润分配及亏损分担；税务承担；费用和支出；信息披露制度
合规与自律相关的内容	主要有：声明与承诺；一致性；份额信息备份；报送披露信息

考点 3　合伙型基金合同（表 4—15）

表 4—15　合伙型基金合同

项　目	内　容
《合伙企业法》规定的合伙协议的内容	根据《合伙企业法》的规定，合伙协议应当载明： （1）合伙企业的名称和主要经营场所的地点； （2）合伙目的和合伙经营范围； （3）合伙人的姓名或者名称、住所； （4）合伙人的出资方式、数额和缴付期限； （5）利润分配、亏损分担方式； （6）合伙事务的执行； （7）入伙与退伙； （8）争议解决办法； （9）合伙企业的解散与清算； （10）违约责任
对于有限合伙的企业，合伙协议还须载明内容	根据《合伙企业法》的规定，对于有限合伙企业，合伙协议还应当载明下列事项： （1）普通合伙人和有限合伙人的姓名或者名称、住所； （2）执行事务合伙人应具备的条件和选择程序； （3）执行事务合伙人权限与违约处理办法； （4）执行事务合伙人的除名条件和更换程序； （5）有限合伙人入伙、退伙的条件、程序以及相关责任； （6）有限合伙人和普通合伙人相互转变程序
与股权投资业务相关事项的约定也为必备内容	（1）合伙期限； （2）管理方式和管理费（合伙协议中应明确管理人和管理方式，并列明管理人的权限及管理费的计算和支付方式）； （3）费用和支出（合伙协议应列明与合伙企业费用的核算和支付有关的事项，具体可以包括合伙企业费用的计提原则，承担费用的范围、计算及支付方式，应由普通合伙人承担的费用等）； （4）财务会计制度（合伙协议应对合伙企业的记账、会计年度、审计、年度报告、查阅会计账簿的条件等事项作出约定）； （5）利润分配及亏损分担（合伙协议应列明相关事项，具体可以包括利润分配原则及顺序、利润分配方式、亏损分担原则及顺序等）； （6）托管事项（合伙协议应列明托管具体事项，未托管时需明确保障私募基金财产安全的制度措施和纠纷解决机制）； （7）合伙人会议（合伙协议中需列明合伙人会议的召开条件、程序及表决方式等）； （8）投资事项（包括投资范围、投资运作方式、投资限制、投资决策程序、关联方认定标准及关联方投资的回避制度，以及投资后对被投资企业的持续监控、投资风险防范、投资退出、所投标的担保措施、举债及担保限制等）； （9）税务承担事项（应列明合伙企业的税务承担事项）。 除了前述的必备条款外，考虑股权投资业务的特殊性，合伙协议可能会包括关键人条款、投资决策委员会、投资咨询委员会等

考点 4　契约型基金合同（表 4－16）

表 4－16　契约型基金合同

项　目	内　容
组织形式相关内容	主要有：前言（订立基金合同的目的、依据和原则）；私募基金的基本情况；私募基金的申购、赎回与转让；私募基金份额持有人大会及日常机构；私募基金份额的登记；私募基金的财产；交易及清算交收安排；私募基金财产的估值和会计核算；基金合同的效力、变更、解除与终止；私募基金的清算；违约责任；争议的处理
股权投资业务相关内容	主要有：基金的募集；基金的投资；当事人及其权利义务；基金的费用与税收；基金的收益分配
合规与自律相关内容	主要有：声明与承诺；风险揭示；基金的成立与备案；信息披露与报告

【典型习题】

1. 由于(　　)能够建立有效的法人治理机制，加之基金管理人员的变动通常不会导致基金的解体，因而基金的稳定性较强。

A. 信托型基金　　B. 契约型基金

C. 合伙型基金　　D. 公司型基金

2. 下列关于合伙型基金投资者和基金管理人的基础法律关系的说法，正确的是(　　)。

A. 合伙型基金的投资人作为普通合伙人，仅以出资构成基金投资的资金规模，对外不可以代表合伙企业，以其认缴的出资额为限对合伙企业债务承担责任

B. 虽然大部分采用有限合伙企业形式的私募股权投资基金会在合伙协议里对合伙企业的经营范围进行约定，但基金仍然可能因为违约责任或其他债务责任导致有限合伙人被清算

C. 在实务中普通合伙人通常仅以一定比例的出资参与合伙企业并执行合伙事务，而将投资项目管理和行政事务委托给管理机构，并通过一系列协议的约定，向管理机构支付管理费和分配业绩报酬

D. 合伙企业投资管理和行政事务的委托并不因此免除普通合伙人对本合伙企业的责任和义务，但本合伙企业投资资产处置的最终决策应由有限合伙人作出

3. 在资产管理计划或契约型基金形式下，(　　)是基金的直接参与主体。

A. 基金管理人　　B. 基金注册登记结构

C. 基金结算机构　　D. 指数公司

4. 下列内容中，与公司型基金合同中组织形式相关的内容是(　　)。

A. 管理方式　　B. 托管事项

C. 声明与承诺　　D. 股东出资

5. 下列内容中，与公司型基金合同中股权投资业务无关的内容是(　　)。

A. 投资事项、管理方式　　B. 税务承担、费用和支出
C. 托管事项、利润分配及亏损分担　　D. 份额信息备份、报送披露信息

6. 根据《合伙企业法》的规定，合伙协议应当载明的内容不包括(　　)。
A. 合伙企业的名称和主要经营场所的地点
B. 合伙目的和合伙经营范围
C. 合伙人的详细背景资料
D. 合伙人的出资方式、数额和缴付期限

7. 在合伙型基金合同中，与股权投资业务相关的内容包括(　　)等，前述事项的约定也为合同中必备内容。
A. 章程的修订、管理方式和管理费、费用和支出、财务会计制度、利润分配及亏损分担、托管事项、合伙人会议、投资事项、税务承担事项
B. 合伙期限、管理方式和管理费、费用和支出、财务会计制度、利润分配及亏损分担、托管事项、合伙人会议、投资事项、税务承担事项
C. 合伙期限、章程的修订、费用和支出、财务会计制度、利润分配及亏损分担、托管事项、合伙人会议、投资事项、税务承担事项
D. 合伙期限、管理方式和管理费、章程的修订、财务会计制度、利润分配及亏损分担、托管事项、合伙人会议、投资事项、税务承担事项

8. 契约型基金合同中与组织形式相关的内容不包括(　　)。
A. 私募基金的基本情况
B. 私募基金的申购、赎回与转让
C. 私募基金份额持有人大会及日常机构
D. 当事人及其权利义务

9. 契约型基金合同中与股权投资业务相关的内容包括(　　)。
A. 信息披露与报告、基金的投资、当事人及其权利义务、基金的费用与税收、基金的收益分配
B. 基金的募集、信息披露与报告、当事人及其权利义务、基金的费用与税收、基金的收益分配
C. 基金的募集、基金的投资、当事人及其权利义务、基金的费用与税收、基金的收益分配
D. 基金的募集、基金的投资、信息披露与报告、基金的费用与税收、基金的收益分配

【参考答案】

1. D　2. C　3. A　4. D　5. D　6. C　7. B　8. D　9. C

第六节　外商投资私募股权投资基金募集与设立中的特殊问题

【教材解读】

考点 1　跨境股权投资的历史沿革（表 4－17）

表 4－17　跨境股权投资的历史沿革

项　目	内　容
IDG 资本开始探路中国市场	中国股权市场发展的萌芽阶段是 1992～2000 年，市场中仅有少数几家机构表现活跃，外资机构中有 IDG 资本等开始探路中国市场
跨境股权投资的发展	（1）北京市人民政府于 2001 年颁布一系列法规，国内股权投资相关政策建设起步； （2）中央于 2002 年出台外商投资相关法规，吸引及利用外资政策步入新台阶； （3）深圳在 2004 年正式启动中小企业板，进一步为股权投资机构境内退出打通了渠道； （4）外汇局在 2005 年出台放开外汇管理的法规，重新开启外资创业投资基金投资境外注册中国企业以及海外红筹上市的大门，股权投资政策环境逐步完善； （5）商务部出台设立外商投资公司新规，新型外商投资公司也为外资股权投资开拓了新的道路

考点 2　QFLP 工作内容（表 4－18）

表 4－18　QFLP 工作内容

项　目	内　容
概念	QFLP（即合格境外有限合伙人）是指境外机构投资者通过资格审批和外汇资金的监管程序后，将境外资本兑换为人民币资金，投资于境内的基金
QFLP 试点	QFLP 在北京、上海、天津、深圳、重庆、青岛等少数城市和地区做试点，不同试点地区对于境外投资人资格认定、境内管理人资格认定、基金最低规模认定、结汇流程等作出了规定

考点 3　外商投资创业投资企业

（1）原外经贸部、科技部、工商总局、税务总局、外汇局于 2003 年颁布了《外商投资创业投资企业管理规定》（后于 2015 年进行修正），该规定对设立外商投资创业投资企业的条件，包括投资者人数、认缴出资额的最低限额、组织形式、管理团队等进行了规定。

（2）《外商投资创业投资企业管理规定》提出了“必备投资者”这个概念。必备投资者应以创业投资为主营业务，并具备一定的资金实力和投资经验，配备具有一定创业投资从业经验的人员，同时在外商投资创业投资企业出资不低于某一最低比例。设立外商投资创业投资企业，至少有一个投资者应符合必备投资者的要求。

(3) 外商投资创业投资企业的设立，先向省级外经贸主管部门报送申请，由商务部会商科技部作出批准或不批准的决定，获批准后，再向工商部门申请办理工商注册登记手续。

【典型习题】

1. 下列关于跨境股权投资历史沿革的描述，错误的是(　　)。

A. 1992～2000 年是中国股权市场发展的萌芽阶段，市场中仅有少数几家机构表现活跃，外资机构中有 IDG 资本等开始探路中国市场

B. 2001 年，北京市人民政府颁布一系列法规，国内股权投资相关政策建设起步

C. 2002 年，中央出台外商投资相关法规，吸引及利用外资政策步入新台阶

D. 2005 年，深圳中小企业板正式启动，进一步为股权投资机构境内退出打通了渠道

2. QFLP 即(　　)，是指境外机构投资者通过资格审批和外汇资金的监管程序后，将境外资本兑换为人民币资金，投资于境内的基金。

A. 合格境外有限合伙人　　B. 合格境外普通合伙人

C. 合格境内有限合伙人　　D. 合格境内普通合伙人

3. 从设立和审批程序看，设立外商投资创业投资企业，应首先向(　　)报送申请。

A. 商务部　　B. 省级外经贸主管部门

C. 会商科技部　　D. 工商部门

【参考答案】

1. D　　2. A　　3. B

第 5 章　私募股权投资基金的投资

【知识结构框架】

- 私募股权投资基金的投资
  - 私募股权投资基金的一般投资流程
    - 项目收集、项目初审、项目立项、签署投资备忘录、尽职调查、投资决策、签署投资协议、投资后管理、项目退出
  - 尽职调查
    - 尽职调查的概念及目的
    - 尽职调查的范围及方法
    - 业务尽职调查及财务尽职调查
    - 法律尽职调查及风险控制
    - 尽职调查报告和风险控制报告
  - 私募股权投资基金常用的估值方法
    - 估值方法概述
    - 相对估值法概述
    - 市盈率法、市现率法、市净率法及市销率法
    - 折现现金流法（DCF）概述
    - 股权自由现金流量贴现模型及公司自由现金流量贴现模型
    - 成本法、清算价值法及经济增加值法
  - 投资协议与投资备忘录的主要条款
    - 估值条款、估值调整条款及回购条款
    - 反摊薄条款、董事会席位条款及保护性条款
    - 竞业禁止条款、保密条款及排他性条款
    - 优先购买权／优先认购权条款
  - 跨境股权投资中的特殊问题
    - 跨境股权投资的类型
    - 跨境股权投资的法律依据
    - 跨境股权投资的审批流程和架构设计

第一节　私募股权投资基金的一般投资流程

【教材解读】

考点　私募股权投资基金的一般投资流程（表 5－1）

表 5－1　　私募股权投资基金的一般投资流程

投资流程	内　　容
项目收集	项目来源主要有： （1）依托创新证券投资银行业务、收购兼并业务、国际业务衍生出来的直接投资机会，具有贴近一级投资市场、退出渠道畅通、资金回收周期短以及投资回报丰厚等特点； （2）与国内外股权投资机构结为策略联盟，实现信息共享，联合投资； （3）跟踪和研究国内外新技术的发展趋势以及资本市场的动态，通过资料调研、项目库推荐、访问企业等方式寻找项目信息
项目初审	（1）项目投资经理在接到商业计划书或项目介绍后，对项目初步调查，再提交初步调查报告、项目概况表，并对项目企业投资价值提出初审意见。 （2）项目初审有书面初审与现场初审。私募股权投资基金对企业作书面初审的方式是审阅企业的商业计划书或融资计划书，私募股权投资基金在审查企业商业计划书之后，判断如果符合私募股权投资基金的投资项目范围，将要求到企业现场实地走访，调研企业现实生产经营与运转状况，即为现场初审
项目立项	对通过的初审项目，由项目投资经理提交立项申请材料，经基金管理人立项委员会或其他程序批准立项，经批准的项目方可作下一步工作
签署投资备忘录	项目完成立项，然后一般会与项目企业签署投资备忘录（也称投资框架协议，或投资条款清单，通常由投资方提出，内容一般包括投资达成的条件、投资方建议的主要投资条款、保密条款以及排他性条款）。 投资备忘录中内容除保密条款和排他性条款之外，主要作为投融资双方下一步协商的基础，对双方无约束力
尽职调查	立项批准并签署投资备忘录之后，项目投资经理、风险控制团队分别到项目企业独立展开尽职调查，并填写完成相关材料（如企业尽职调查报告、财务意见书、审计报告及风险控制报告等），尽职调查认为符合投资要求的企业与项目，项目投资经理编写投资建议书
投资决策	私募股权投资基金管理机构设立投资决策委员会对项目行使投资决策权。投资决策委员会的设立应符合关联交易审查制度的要求，确保利益冲突不存在。 投资决策委员会的组成人员包括：股权投资管理机构主要负责人（董事长、总裁等）、风险控制负责人、投资负责人和行业专家等
签署投资协议	投资决策委员会审查同意进行投资企业或项目，经法律顾问审核相关合同协议后，由授权代表与被投资方签署投资协议（如“增资协议”或“股权转让协议”等）、“股东协议”或“合资协议”以及相关补充协议

续表

投资流程	内　　容
投资后管理	投资协议生效后，项目投资经理负责项目跟踪管理，管理内容包括多方面（如企业的财务状况、生产经营状况、重要合同等），以便有效监控，然后要利用自身业务特长、社会关系网络帮助企业改善经营管理，为企业提供增值服务（包括帮助企业规范运作、完善公司治理结构、提供再融资服务、上市辅导及并购整合等），使企业在短时间内快速规范、成长、增值
项目退出	当所投资企业达到预定条件时，私募股权投资基金将投资的资本及时收回的过程就是项目退出。 私募股权投资基金在项目立项时，就要设计项目退出方式，然后随项目进展及时修订。 具体退出方式包括：上市转让或挂牌转让退出、股权转让退出（包括行业通常所指的回购、并购等）、清算退出

【典型习题】

1. 下列关于私募股权投资基金项目主要来源的说法，错误的是（　　）。

A. 分析、调查，并依托创新证券投资银行业务、国际业务衍生出来的间接投资机会

B. 依托创新证券投资银行业务、收购兼并业务、国际业务衍生出来的直接投资机会，具有贴近一级投资市场、退出渠道畅通、资金回收周期短以及投资回报丰厚等特点

C. 与国内外股权投资机构结为策略联盟，实现信息共享，联合投资

D. 跟踪和研究国内外新技术的发展趋势以及资本市场的动态，通过资料调研、项目库推荐、访问企业等方式寻找项目信息

2. 私募股权投资基金投资流程中，对通过初审的项目，通常由（　　）提交立项申请材料，经基金管理人立项委员会或其他程序批准立项，经批准的项目方可进行下一步工作。

A. 项目投资经理　　　　B. 基金经理

C. 督察长　　　　D. 独立董事

3. 下列关于投资备忘录的描述，错误的是（　　）。

A. 也称投资框架协议，或投资条款清单

B. 投资备忘录中的内容，除保密条款和排他性条款之外，主要作为投融资双方下一步协商的基础，对双方并无事实上的约束力

C. 通常由设计方提出

D. 内容一般包括投资达成的条件、投资方建议的主要投资条款、保密条款以及排他性条款

4. 私募股权投资基金投资流程中，（　　）认为符合投资要求的企业与项目，项目投资经理编写完整的投资建议书。

A. 尽职调查　　　　B. 投资决策

C. 项目立项　　　　D. 项目初审

5. 私募股权投资基金管理机构设立(　　)对投资项目行使投资决策权。

A. 合规与风险控制部　　B. 投资决策委员会

C. 合规管理部　　D. 督察长

6. 通常,(　　)由股权投资管理机构的主要负责人（董事长、总裁等)、风险控制负责人、投资负责人和行业专家等组成。

A. 合规与风险控制部　　B. 投资决策委员会

C. 合规管理部　　D. 督察长

7. 私募股权投资基金投资流程中,(　　)生效后,项目投资经理具体负责项目的跟踪管理,管理内容包括但不限于企业的财务状况、生产经营状况、重要合同等方面。

A. 投资协议　　B. 股东协议

C. 合资协议　　D. 互换协议

8. 私募股权投资基金在项目立项时,就要为项目设计退出方式,然后随着项目进展及时修订。具体的退出方式包括(　　)。

A. 事前监管或挂牌转让退出、股权转让退出、清算退出

B. 上市转让或事前监管退出、股权转让退出、清算退出

C. 上市转让或挂牌转让退出、股权转让退出、清算退出

D. 上市转让或挂牌转让退出、事前监管退出、清算退出

【参考答案】

1. A　2. A　3. C　4. A　5. B　6. B　7. A　8. C

第二节　尽职调查

【教材解读】

考点 1　尽职调查的概念及目的（表 5—2）

表 5—2　**尽职调查的概念及目的**

概念	目的		
	价值发现	风险发现	投资可行性分析
又称为审慎性调查,是指投资人在与目标企业达成初步合作意向后,经协商一致,对目标企业一切与本次投资相关的事项进行现场调查、资料分析的一系列活动	尽职调查的作用不仅在于验证过去财务业绩的真实性,更重要的是预测企业未来的业务和财务数据,并且在此基础上对企业估值。根据尽职调查发现的风险,投资人可对目标公司作进一步估值调整,得出符合目标企业实际价值估值结果	基金管理人需收集充分信息,全面识别投资风险,评估风险大小并提出风险应对方案。企业考察的内容包括经营风险、股权瑕疵、或然债务、法律诉讼、环保问题以及监管问题等。最后交易文件中可以通过相关方式（如陈述和保证、违约条款、交割前义务、交割后承诺等）进行风险和责任分担	尽职调查有助于交易各方了解投资可操作性并帮助各方确定交易时间表

考点 2　尽职调查的范围及方法（表 5—3）

表 5—3　尽职调查的范围及方法

项目		内容
范围	业务尽职调查	该部分调查涵盖了企业商业运作中涉及的各种事项，包括市场分析、竞争地位、客户关系、定价能力、供应链、环保和监管等问题
	财务尽职调查	该部分调查涵盖企业的内容有：历史经营业绩、未来盈利预测、现金流、营运资金、融资结构、资本性开支以及财务风险敏感度分析等。 与一般财务审计以验证企业财务报表真实性为目的不同，该部分调查的主要目的为评估企业存在的财务风险以及投资价值。因而，该部分调查多使用趋势分析、结构分析等分析工具
	法律尽职调查	该部分调查一般是律师基于企业所提供的法律文件完成的，其内容涵盖股权结构、公司治理状况、土地和房屋产权、税收待遇、资产抵押或担保、诉讼、商业合同、知识产权、员工雇佣情况、社会保险以及关联交易事项。 该部分调查的作用：帮助基金管理人全面地评估企业资产和业务的合规性以及潜在的法律风险
方法		尽职调查操作流程阶段包括：制订调查计划、调查及收集资料、起草尽职调查报告与风险控制报告、进行内部复核、设计投资方案等。 就尽职调查本身而言，最为重要的部分是资料收集与分析。其中，收集资料的渠道主要包括审阅文件、外部信息、访谈、现场调查、内部沟通。资料收集后，尽职调查团队还要验证其可信程度，评估其重要性，最终形成尽职调查报告与风险控制报告，供投资决策委员会决策参考

考点 3　业务尽职调查（表 5—4）

表 5—4　业务尽职调查

项目	内容
地位	该调查是整个尽职调查工作的核心，财务、法律、资源、资产以及人事方面的尽职调查都是围绕业务尽职调查展开。 该调查目的是了解过去及现在企业创造价值机制，以及这种机制未来的变化趋势，以预测企业未来财务业绩并对之进行估值
业务尽职调查的内容	（1）业务内容：企业基本情况、管理团队、产品/服务、市场、发展战略、融资运用、风险分析。 （2）历史沿革：了解标的企业从设立到调查时点的股权变更以及相关的工商变更情况。 （3）主要股东/实际控制人/团队：调查控股股东/实际控制人的背景。 （4）行业因素：行业发展的总体方向、市场容量、监管政策、准入门槛、竞争态势以及利润水平等情况。 （5）客户、供应商和竞争对手。 （6）对标分析：借鉴同行业上市公司的财务报告和招股说明书等公开资料进行比较分析

续表

项　　目	内　　容
业务尽职调查的侧重点	创业投资的考察重点为管理团队和产品服务部分；成长投资对产品服务、发展战略及市场因素关注程度较高；并购投资较多关注管理团队、资产质量、融资结构、融资运用、发展战略以及风险分析等

考点 4　财务尽职调查（表 5—5）

表 5—5　　财务尽职调查

项　　目	内　　容
财务尽职调查重点关注的内容	该调查重点关注标的企业的过去财务业绩情况。财务尽职调查团队收集标的企业财务报告及相关支持材料，了解其会计政策及相关会计假设，进行财务比率分析，重点考察企业的现金流、盈利及资产事项。 不同于审计，该调查强调发现企业投资价值、潜在风险，注重对企业未来价值、成长性合理的预测，采用趋势分析和结构分析工具，在财务预测方法则采用场景分析和敏感度分析等
财务尽职调查环节中的现场调查	财务尽职调查不可或缺的环节是现场调查。财务尽职调查团队向企业提出资料清单或问题清单，参观目标企业现场，了解其业务操作流程，对企业中高层管理人员进行访谈，走访重要客户、经销商、供应商、竞争对手、贷款银行、法律顾问、审计师和政府部门等
财务尽职调查在比较目标企业财务业绩时的注意事项	财务尽职调查在横向或纵向比较目标企业财务业绩时要注意会计政策和财务假设不同造成的影响，包括折旧摊销、收入与成本确认、资产问题、关联交易等

考点 5　法律尽职调查（表 5—6）

表 5—6　　法律尽职调查

项　　目	内　　容
目的	（1）确认目标企业的合法成立和有效存续。 （2）核查目标企业所提供文件资料的真实性、准确性和完整性。 （3）充分了解目标企业的组织结构、资产和业务的产权状况和法律状态，确认企业产权、业务资质以及其控股结构的合法合规。 （4）发现和分析目标企业现存的法律问题和风险并提出解决方案。 （5）出具法律意见并将之作为准备交易文件的重要依据
关注重点问题	包括历史沿革问题、主要股东情况、高级管理人员、债务及对外担保情况、重大合同、诉讼及仲裁、税收及政府优惠政策等
收集资料渠道	包括：企业依照资料清单提供的材料、对目标企业管理团队的访谈、对目标企业的现场调查；从政府部门获得的信息；公开信息，如互联网信息等

考点 6　风险控制（表 5—7）

表 5—7　风险控制

项　　目	内　　容
风险控制的概念	是指进行财务尽职调查、法律尽职调查以及行业分析后，识别项目投资的具体风险，结合项目上市或并购退出可行性、风险可控性、成长性设计风险控制方案，出具风险控制报告
风险控制体系	该体系在股权投资基金投资环节通常独立设立，风险控制组织、业务流程相对独立
风险控制步骤	一般包括风险识别、风险评估以及风险应对三个步骤
风险控制报告	由风险控制经理出具，并经风险控制部负责人签署后独立出具

考点 7　尽职调查报告和风险控制报告（表 5—8）

表 5—8　尽职调查报告和风险控制报告

项　　目	内　　容
尽职调查报告	投资团队根据尽职调查结果，对标的企业客观评价，形成尽职调查报告。报告至少包括业务尽职调查、财务尽职调查和法律尽职调查的内容。 业务尽职调查内容包括：企业基本情况、管理团队、产品/服务、市场、发展战略、融资运用、风险分析等。 财务尽职调查报告内容包括：评估目标企业的财务健康程度，评估目标企业的内控程序及业务的主要流程，提供交易条款的建议，包括估值条款、保护性条款以及交易结构的具体设计等。 法律尽职调查主要包括目标企业法律风险的识别、评估和应对建议。投资团队依据尽职调查报告，形成一份最终的投资建议书，并提交给投资决策委员会
风险控制报告	风险控制团队依据业务尽职调查、财务尽职调查和法律尽职调查发现的风险，从公司、业务、信息系统层面对风险进行分析，再评估，并独立出具风险控制报告。 投资决策委员会根据尽职调查报告和风险控制报告作决策

【典型习题】

1. 尽职调查的目的包括(　　)。

A. 增值服务、风险发现和投资可行性分析

B. 价值发现、增值服务和投资可行性分析

C. 价值发现、风险发现和增值服务

D. 价值发现、风险发现和投资可行性分析

2. 与一般财务审计以验证企业财务报表真实性为目的不同，财务尽职调查的主要

目的是(　　)。

A. 帮助基金管理人全面地评估企业资产

B. 进行市场分析

C. 评估企业存在的财务风险以及投资价值

D. 帮助基金管理人全面地评估业务的合规性以及潜在的法律风险

3. 法律尽职调查的作用是(　　)。

A. 评估企业存在的财务风险

B. 进行市场分析

C. 帮助基金管理人全面地评估企业资产和业务的合规性以及潜在的法律风险

D. 评估企业存在的投资价值

4. 尽职调查操作流程中，收集资料之后，尽职调查团队还要验证其可信程度，评估其重要性，最终形成尽职调查报告与风险控制报告，供(　　)决策参考。

A. 合规与风险控制部　　B. 投资决策委员会

C. 合规管理部　　D. 督察长

5. 业务尽职调查的目的是(　　)。

A. 了解过去及现在企业创造价值的机制，以及这种机制未来的变化趋势，以预测企业未来的财务业绩并对之进行估值

B. 评估企业存在的财务风险

C. 帮助基金管理人全面地评估企业资产和业务的合规性以及潜在的法律风险

D. 评估企业存在的投资价值

6. 不同投资策略针对的目标企业类型及所处发展阶段不同，因而业务尽职调查的侧重点也不同，创业投资的考察重点为(　　)部分。

A. 产品服务和发展战略　　B. 发展战略和市场因素

C. 管理团队和产品服务　　D. 管理团队和资产质量

7. 不同于审计，(　　)尽职调查强调发现企业的投资价值和潜在风险，注重对企业未来价值和成长性的合理预测，经常采用趋势分析和结构分析工具。

A. 法律　　B. 财务

C. 资源　　D. 业务

8. 私募股权投资基金投资中的法律尽职调查更多的是定位于风险发现，其目的主要不包括(　　)。

A. 确认目标企业的合法成立和有效存续

B. 核查目标企业所提供文件资料的真实性、准确性和完整性

C. 充分了解目标企业的组织结构、资产和业务的产权状况和法律状态，确认企业产权、业务资质以及其控股结构的合法合规

D. 注重对企业未来价值和成长性的合理预测

9. 私募股权投资基金投资中的法律尽职调查关注重点问题不包括(　　)。

A. 高级管理人员、债务及对外担保情况

B. 历史沿革问题、主要股东情况

C. 风险控制、关联交易

D. 重大合同、诉讼及仲裁

10. 下列关于私募股权投资基金投资中的风险控制的说法，正确的是(　　)。

A. 风险控制是指进行财务尽职调查、法律尽职调查以及行业分析前，识别项目投资的具体风险，结合项目上市或并购退出可行性、风险可控性、成长性设计风险控制方案，出具风险控制报告

B. 私募股权投资基金投资环节通常设立独立的风险控制体系，风险控制组织、业务流程相对独立

C. 风险控制一般包括风险识别、风险评估两个步骤

D. 风险控制报告由投资项目经理出具，并经风险控制部负责人签署后独立出具

11. 风险控制团队依据业务尽职调查、财务尽职调查、法律尽职调查发现的风险，从公司层面、业务层面、信息系统层面对风险进行分析，充分评估，并独立出具(　　)。

A. 风险控制报告　　B. 风险分析报告

C. 尽职调查报告　　D. 投资可行性报告

12. 关于尽职调查报告和风险控制报告的描述，错误的是(　　)。

A. 投资团队依据尽职调查报告，形成一份最终的投资建议书，并提交给投资决策委员会

B. 尽职调查报告只需包括业务尽职调查和财务尽职调查的内容

C. 投资团队根据尽职调查结果，对标的企业进行客观评价，从而形成详尽的尽职调查报告

D. 投资决策委员会根据尽职调查报告和风险控制报告进行决策

【参考答案】

1. D　2. C　3. C　4. B　5. A　6. C　7. B　8. D　9. C　10. B　11. A　12. B

第三节　私募股权投资基金常用的估值方法

【教材解读】

考点 1　估值方法概述（表 5—9）

表 5—9　估值方法概述

项　目	内　容
估值方法	包括相对估值法、折现现金流法、成本法、清算价值法、经济增加值法等
股权投资行业估值方法	主要为相对估值和折现现金流法

续表

项　　目	内　　容
方法概述	（1）相对估值法：是早期创业投资基金较常用的方法，定增基金、并购基金等以之作为参考。 （2）折现现金流估值法：多用于以成长和成熟阶段企业作为投资标的的中后期创投基金和并购基金。 （3）成本法：主要作为一种辅助方法存在，主要原因是企业历史成本与未来价值并无必然联系。 （4）清算价值法：常见于杠杆收购和破产投资策略。 （5）经济增加值法：主要应用于一些特殊的行业

考点 2　相对估值法概述（表 5—10）

表 5—10　相对估值法概述

项　　目	内　　容
概念	相对估值法是指将企业的主要财务指标乘以根据行业或参照企业计算的估值乘数，从而获得对企业股权价值的估值参考结果
传统的估值指标	包括市盈率、市现率、市净率和市售率等
用相对估值法来评估目标企业价值的工作程序	（1）选定相当数量的可比案例或参照企业。 （2）分析目标企业及参照企业的财务和业务特征，选择最接近目标企业的几家参照企业。 （3）在参照企业的相对估值基础上，根据目标企业的特征调整指标，计算其定价区间

考点 3　市盈率法（表 5—11）

表 5—11　市盈率法

项　　目	内　　容
计算式	市盈率＝企业股权价值÷净利润 则，企业股权价值＝企业净利润×市盈率
其他	中国股权市场应用最为普遍的估值指标是市盈率。在投资时常用的概念是静态市盈率和动态市盈率（或称滚动市盈率）。二者的差别在于净利润计算的方法不同。静态市盈率使用的净利润为上市公司上一财政年度公布的净利润，而动态市盈率采用的是最近四个季度报告的净利润总和。动态市盈率反映的信息要比静态市盈率更加真实，但季度财务报告通常没有经过审计，其可信度要低于经审计的年度净利润。除此之外，还存在前瞻市盈率（即当前股票价格与分析师对该公司下一年度净利润主流预测值的比值），主要应用于 PEG 比率的计算

考点4 市现率法（表5—12）

表5—12 市现率法

项目	内容
概念	市现率法是指企业股权价值与税息折旧摊销前收益（EBITDA）的比值。相应的，企业股权价值等于EBITDA乘以市现率。EBITDA为税后净利润、所得税、利息费用、折旧和摊销之和
不足之处	（1）市现率和市盈率一样要求企业业绩相对稳定，不然可能出现较大误差。 （2）EBITDA未将所得税因素考虑在内，税收减免或者补贴会导致两家企业的EBITDA相等但税后净利润却相差较大

考点5 市净率法及市销率法（表5—13）

表5—13 市净率法及市销率法

项目	内容
市净率法（P/B）	也称市账率，等于企业股权价值与股东权益账面价值的比值，或每股价格除以每股账面价值。相应的，企业股权价值等于股东权益账面价值乘以市净率。 不同行业的市净率可能存在巨大差别。制造企业和新兴产业的企业往往不适合采用市净率法进行估值。制造企业多数资产采用历史成本法计价，与市场公允价值差别较大；而新兴产业的企业主要价值并不体现在资产价值上。另外，不同市场对企业的定价水平差异也较大
市销率法（P/S或PSR）	也称市售率，等于企业股权价值与年销售收入的比值。那么，企业股权价值等于销售收入乘以市销率。创业企业的净利润可能为负数，账面价值比较低，经营净现金流也可能为负。这时，用市销率估值比较有参考价值，而市盈率、市现率及市净率则都不太适用

考点6 折现现金流法（DCF）概述（表5—14）

表5—14 折现现金流法（DCF）概述

项目	内容
概念	折现现金流法是通过预测企业未来的现金流，将企业价值定义为企业未来可自由支配现金流折现值的总和
包括方法	包括红利模型和自由现金流模型等
公式	现值原则是贴现现金流法的基础，即在考虑资金时间价值和风险的情况下，将预期发生在不同时点现金流量，按既定贴现率，统一折算为现值，再加总求得目标企业价值。公式为： $V=\sum_{t=1}^{n}\frac{CF_t}{(1+i)^t}+\frac{TV}{(1+i)^n}$

续表

项目	内容
公式	其中：V——目标企业价值； CF_t——预期内第 t 年的自由现金流； TV——终值； n——预测期； i——贴现率（也被称为资本成本，是资产持有者要求的收益率或机会成本）

考点 7 股权自由现金流量贴现模型及公司自由现金流量贴现模型（表 5－15）

表 5－15 股权自由现金流量贴现模型及公司自由现金流量贴现模型

项目		内容
股权自由现金流量贴现模型	股权自由现金流量贴现模型表示	在该模型中，股权内在价值等于未来各年股权自由现金流量用权益资本成本贴现得到的现值之和。公式为： $EV=FC+\sum_{t=1}^{+\infty}\frac{FCFE_t}{(1+K_e)^t}$ 其中：EV——权益价值； $FCFE_t$——第 t 年的股权自由现金流量； FC——当前未使用资产的存量（即企业当前的货币资金、短期投资和长期投资之和）
	股权自由现金流量（FCFE）	是指公司经营活动产生的现金流量在扣除业务发展的投资需求和对其他资本提供者分配之后能够分配给股东的现金流量。FCFE 是归属于股东的现金流量。公式为： FCFE ＝实体现金流量－债务现金流量 ＝营业现金净流量－净经营性长期资产总投资－（税后利息费用－净金融负债增加） ＝税后经营利润－折旧与摊销－经营营运资本增加－（净经营性长期资产增加＋折旧与摊销）－（税后利息费用－净负债增加）
公司自由现金流量贴现模型	公司自由现金流量的贴现模型表示	与股权自由现金流量相比，公司自由现金流量增加了流向债权人和优先股股东的现金流，贴现时所采用的贴现率是公司的加权平均资本成本 WACC。贴现模型可以表示为： $FV=FC+\sum_{t=1}^{+\infty}\frac{FCFF_t}{(1+WACC)^t}$ 其中：FV——公司价值； $FCFF_t$——第 t 年的公司自由现金流量； FC——当前未使用资产的存量； $WACC$——公司的加权平均资本成本

续表

项目		内容
公司自由现金流量贴现模型	自由现金流量（FCFF）	FCFF 是指公司经营活动产生的现金流量在扣除业务发展的投资需求后能够分配给资本提供者的现金流量。FCFF 归属于公司股东和债权人的现金流量，等于企业的税后净营业利润（即将公司不包括利息收支的营业利润扣除实付所得税税金之后的数额加上折旧及摊销等非现金支出，再减去营运资本的追加和物业厂房设备和其他资产方面的投资）。FCFF 是公司所产生税后现金流量总额，可提供给公司资本的所有供应者，包括债权人和股东。公式为： 自由现金流量（FCFF）＝（税后净营业利润＋折旧及摊销）－（资本支出＋营运资本增加） 一般公司自由现金流量是采用加权平均资本成本作为所选择的贴现率。WACC 的计算公式为： $WACC=W_d \times r_d \times (1-T)+W_e \times r_e$ 其中：W_d——债权资本与总资产的比值； W_e——股权资本与总资产的比值，$W_d+W_e=1$； r_d——债权资本成本，等于平均利息率； r_e——股权资本成本，即股东要求的收益率； T——公司所得税税率

考点 8　成本法（表 5－16）

表 5－16　成本法

项目	内容
账面价值法	是指公司资产负债净值，但要评估标的公司真正价值，还须对资产负债表的各个项目作出必要调整，在这基础上，得出双方都可接受的公司价值
完全重置成本（重置全价）	是指在现时条件下重新购置一项全新状态的资产所需的全部成本。该方法是用待评估资产的重置全价减去其各种贬值后的差额作为该项资产价值的评估方法。公式为： 待评估资产价值＝重置全价－综合贬值 或 待评估资产价值＝重置全价×综合成新率 其中，综合贬值包括有形损耗（物质的）和无形损耗（技术的）等。该法主观因素较大，且历史成本与未来价值并无必然联系

考点 9　清算价值法

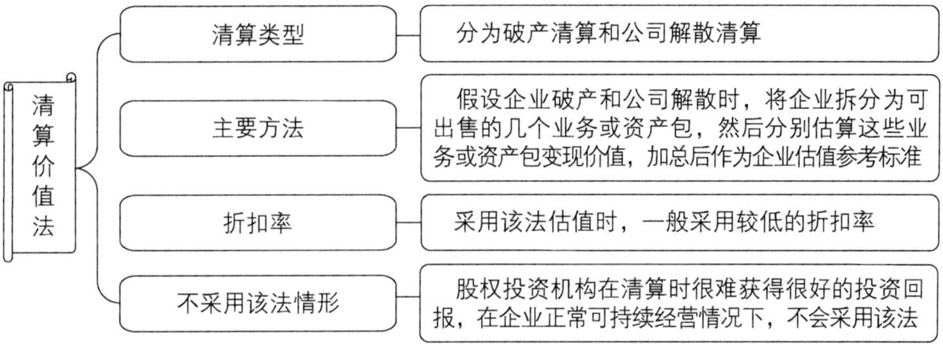

考点 10　经济增加值法（表 5－17）

表 5－17　　经济增加值法

项　　目	内　　容
经济增加值（EVA）	新型公司业绩衡量指标是经济增加值（EVA），比较准确地反映了公司在一定时期内为股东创造的价值，即企业价值除了资产的账面价值之外，还有管理团队经营成果贡献的价值
经济增加值法的基本理念	资本获得收益至少要能补偿投资者承担风险，即股东必须赚取至少等于资本市场上类似风险投资回报的收益率，产生剩余收入或经济利润
EVA 的基本计算方法	EVA＝税后净营业利润－资本成本＝（$R-C$）$\times A$ ＝$R\times A-C\times A$ 其中：R——资本收益率，即投入资本报酬率，等于税前利润减去现金所得税再除以投入资本； C——加权资本成本，包括债务成本以及所有者权益成本； A——投入资本，等于资产减去负债，其中，资产中除去现金，负债中除去长期负债和短期负债以及递延税款； $R\times A$——税后净营业利润

【典型习题】

1. 股权投资行业主要用到的估值方法为(　　)。

A. 相对估值法和折现现金流法　　B. 成本法和清算价值法

C. 价值法和经济增加值法　　D. 价值法、经济增加值法

2. 股权投资行业估值方法中，(　　)则多用于以成长和成熟阶段企业作为投资标的的中后期创投基金和并购基金。

A. 价值法　　B. 折现现金流估值法

C. 清算价值法　　D. 经济增加值法

3. 私募股权投资基金常用的估值方法中，用相对估值法来评估目标企业价值的工作程序不包括(　　)。

A. 选定相当数量的可比案例或参照企业

B. 分析目标企业及参照企业的财务和业务特征，选择最接近目标企业的几家参照企业

C. 在参照企业的相对估值基础上，根据目标企业的特征调整指标，计算其定价区间

D. 假定企业破产和公司解散时，将企业拆分为可出售的几个业务或资产包

4. 私募股权投资基金采用市现率法估值时，下列说法中正确的是(　　)。

A. 市现率指的是企业股权价值与净利润的比值

B. 企业股权价值等于税息折旧摊销前收益（EBITDA）除以市现率

C. 税息折旧摊销前收益（EBITDA）为税前净利润、所得税、利息费用、折旧和摊销之和

D. 市现率和市盈率一样要求企业的业绩相对稳定，否则可能出现较大误差

5. 市销率（P/S 或 PSR）也称市售率，等于(　　)。

A. 企业股权价值与股东权益账面价值的比值

B. 企业股权价值与税息折旧摊销前收益的比值

C. 企业股权价值与年销售收入的比值

D. 企业股权价值与净利润的比值

6. 下列关于股权自由现金流量（*FCFE*）的描述，正确的是(　　)。

A. 股权自由现金流量（*FCFE*）不属于股东的现金流量

B. 股权自由现金流量（*FCFE*）是指公司经营活动产生的现金流量在扣除业务发展的投资需求后能够分配给资本提供者的现金流量

C. 股权自由现金流量（*FCFE*）＝实体现金流量－债务现金流量

D. 股权自由现金流量（*FCFE*）＝税后经营利润－折旧与摊销－经营营运资本增加－（净经营性长期资产增加＋折旧与摊销）＋（税后利息费用－净负债增加）

7. 下列关于自由现金流量（*FCFF*）的描述，错误的是(　　)。

A. 自由现金流量（*FCFF*）等于企业的税前净营业利润

B. 自由现金流量（*FCFF*）是归属于公司股东和债权人的现金流量

C. 自由现金流量（*FCFF*）＝（税后净营业利润＋折旧及摊销）－（资本支出＋营运资本增加）

D. 自由现金流量（*FCFF*）是公司所产生的税后现金流量总额，可以提供给公司资本的所有供应者，包括债权人和股东

8. 下列选项中，(　　)是指公司资产负债的净值，但要评估标的公司的真正价值，还必须对资产负债表的各个项目作出必要的调整，在此基础上，得出双方都可以接受的公司价值。

A. 完全重置成本法　　　　B. 账面价值法

C. 清算价值法　　　　D. 经济增加值法

9. 私募股权投资基金常用的估值方法中，下列关于清算价值法的说法，错误的是(　　)。

A. 清算大致分为破产清算和公司解散清算

B. 清算价值法的主要方法是，假设企业破产和公司解散时，将企业拆分为可出售的几个业务或资产包，并分别估算这些业务或资产包的变现价值，加总后作为企业估值的参考标准

C. 一般采用清算价值法估值时，采用较高的折扣率

D. 对于股权投资机构而言，清算很难获得很好的投资回报，在企业正常可持续经营的情况下，不会采用清算价值法

【参考答案】

1. A　2. B　3. D　4. D　5. C　6. C　7. A　8. B　9. C

第四节　投资协议与投资备忘录的主要条款

【教材解读】

考点　投资协议与投资备忘录的主要条款（表 5—18）

表 5—18　投资协议与投资备忘录的主要条款

主要条款	内　容
估值条款	该条款约定股权投资基金作为投资人投入一定金额的资金可在目标公司中获得股权比例
估值调整条款	私募股权投资基金对于目标企业估值依据企业现时的经营业绩以及对未来经营业绩预测，但这种估值存在不确定性。因此，私募股权投资基金有时会在投资协议中约定估值调整条款就是为了应对估值风险。估值调整方法是在投资协议中约定未来企业业绩目标，并依据企业未来实际业绩与业绩目标的偏离情况，相应调整企业估值
回购条款	该条款是指当满足事先设定条件时，私募股权投资基金有权要求目标企业大股东按事先约定定价机制，买回私募股权投资基金所持有的全部或部分目标企业的股权。 事先设定触发条件包括：①目标企业未达到事先设定的业绩目标；②目标企业在一段时间内未能成功实现 IPO；③目标企业出现了导致实际控制权发生转移的重大事项等。 该条款实际上是对投资方对目标企业或其大股东回售股权的权利的体现。私募股权投资基金一般可在约定条件出现后，这项权利随时行使
反摊薄条款	该条款又称反稀释条款，是用来保证私募股权投资基金权益的约定，目的是确保不会因公司以更低发行价进行新一轮融资而导致投资人股权被稀释从而投资被贬值。 该条款依据新一轮融资发行股数比例、价格的不同，可能采取完全棘轮法或加权平均法，在调整完成前，公司不得增资

续表

主要条款	内　容
董事会席位条款	该条款约定目标企业董事会席位数量、初始分配方案和后续调整规则，是目标企业控制权分配的重要条款。当持股达到最低比例的投资人有权任命若干名董事
保护性条款	根据该条款，目标企业在执行可能损害投资人利益或对投资人利益有重大影响的行为或交易前，应事先获得投资人的同意。 该条款赋予了私募股权投资基金作为投资人，对特定重大事项的一票否决权。其中，重大事项包括：①一定规模以上股权或债权的发行；②一定规模以上的资产处置；③涉及公司知识产权的交易；④重大关联交易；⑤导致公司控制权发生变化的兼并、收购、分立、合并或清算事件；⑥公司章程、董事会结构或议事规则的变更；⑦公司业务范围或业务活动的本质性变化；⑧会计政策的重大变更或外部审计机构的变更等
竞业禁止条款	该条款是指在投资协议中，私募股权投资基金为确保公司良好发展和利益，要求目标公司通过保密协议或其他方式，确保其董事、高管和其他关键员工不得兼职与本公司业务有竞争职位，同时不得在离职后一段时期内加入与本公司有竞争关系的公司。 该条款的目的是保证目标公司利益不受损害，保障投资人利益
优先购买权/优先认购权条款	优先认购权：是目标企业发行新股或可转换债券时，作为老股东的股权投资人可以按照比例优先于新进投资人进行认购的权利。 优先购买权：是目标企业其他股东对外出售股权时，作为老股东的股权投资人在同等条件下有优先购买权
保密条款	该条款是指除当法律要求或/和遵守相关监管机构/权威机构（视情况而定）的披露要求外，投资协议中规定投资方应对投资中了解目标公司的商业秘密和其他信息承担保密义务，保证不将这些信息泄露给第三方。 除此之外，私募股权投资基金所投目标公司也属商业秘密，因此该条款也针对目标公司施加保密义务，故保密条款有利于保护双方利益
排他性条款	该条款通常会约定一个为期几个月的排他期限，在此期限内，目标企业现任股东及其董事、雇员、财务顾问、经纪人在与私募股权投资基金谈判的过程中不得再与其他投资机构进行接触，进而保证双方时间和经济效率。与此同时，投资方如果在协议签署之日前的任何时间决定不执行投资计划，应立即通知目标企业

【典型习题】

1. 投资协议和投资备忘录中的（　　）约定私募股权投资基金作为投资人投入一定金额的资金可以在目标公司中获得的股权比例。

A. 估值调整条款　　　　B. 估值条款

C. 回购条款　　　　　　　　　　　　D. 反摊薄条款

2. 下列选项中，(　　)是指当满足事先设定的条件时，私募股权投资基金有权要求目标企业大股东按事先约定的定价机制，买回私募股权投资基金所持有的全部或部分目标企业的股权。

A. 估值调整条款　　　　　　　　　　B. 估值条款

C. 回购条款　　　　　　　　　　　　D. 反摊薄条款

3. 投资协议中的反摊薄条款根据新一轮融资发行的股数的比例、价格的不同，可能采取(　　)，在调整完成前，公司不得增资。

A. 经验法或者加权平均法

B. 完全棘轮法或者经验法

C. 经验法或者年限平均法

D. 完全棘轮法或者加权平均法

4. 投资协议董事会席位条款约定(　　)，是目标企业控制权分配的重要条款。

A. 新一轮融资发行的股数的比例、价格

B. 未来的企业业绩目标

C. 私募股权投资基金作为投资人投入一定金额的资金可以在目标公司中获得的股权比例

D. 目标企业董事会的席位数量、初始分配方案和后续调整规则

5. 下列关于投资协议和投资备忘录中的保护性条款的描述，错误的是(　　)。

A. 保护性条款的目的是确保不会因公司以更低的发行价进行新一轮融资而导致投资人的股权被稀释从而投资被贬值

B. 根据保护性条款，目标企业在执行某些可能损害投资人利益或对投资人利益有重大影响的行为或交易前，应事先获得投资人的同意

C. 保护性条款实际上赋予了股权投资基金作为投资人，对一些特定重大事项的一票否决权

D. 重大事项包括一定规模以上股权或债权的发行

6. 下列选项中，(　　)的目的是为了保证目标公司的利益不受损害，从而保障投资人的利益。

A. 竞业禁止条款

B. 优先购买权/优先认购权条款

C. 保密条款

D. 排他性条款

【参考答案】

1. B　　2. C　　3. D　　4. D　　5. A　　6. A

第五节　跨境股权投资中的特殊问题

【教材解读】

考点 1　跨境股权投资的类型

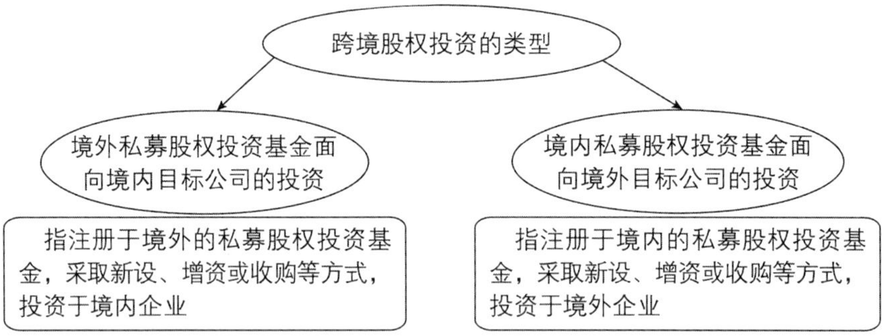

考点 2　跨境股权投资的法律依据

（1）境外私募股权投资基金采用外商直接对境内企业进行投资的，应遵守我国《外资企业法》《中外合作经营企业法》《中外合资经营企业法》以及《公司法》《证券法》等法律的规定，投资企业所在行业应满足《政府核准的投资项目目录》的要求。如果构成对境内企业并购行为，应遵守《关于外国投资者并购境内企业的规定》；如果目标企业为境内上市公司，还应遵守《外国投资者对上市公司战略投资管理办法》的规定。除此之外，投资过程中涉及外汇业务应遵循国家关于外汇管理的法律法规规定。

（2）境内私募股权投资基金投资于境外企业，应遵循《境外投资管理办法》以及《境外投资项目核准和备案管理办法》。

考点 3　跨境股权投资的审批流程和架构设计（表 5－19）

表 5－19　跨境股权投资的审批流程和架构设计

项　目		内　容
境外私募股权投资基金向境内目标公司投资的审批流程	向境内目标公司直接投资必须获得特定审批机关批准	包括商务部、国家发展改革委以及外汇局，如果境内目标企业主体资格特殊，还可能涉及国家相关主管部门
	审批的一般流程	先按相关规定获得审批机关批准，再向工商登记管理机关办理设立登记或变更登记

续表

项　　目		内　　容
境内股权投资基金向境外目标公司投资的审批流程	中国企业进行境外投资必须获得特定审批机关的批准	审批机关主要指发展改革部门和商务部门，如果中国企业的主体资格特殊，还可能涉及其他政府主管部门
	我国对企业境外投资区的管理	涉及敏感国家和地区或敏感行业或投资金额较大的，实行核准管理；对一般境外投资，实行备案管理
	审批流程	企业首先拿到发展改革部门的核准或备案文件，如企业在投资项目过程中涉及通过新设、并购等方式在境外设立非金融企业或取得既有非金融企业所有权、控制权、经营管理权等行为，企业还要向商务部门申请核准或备案，并获得“企业境外投资证书”；在获得发展改革、商务部门的核准或备案文件后，再向外汇管理部门申请外汇登记证；最后在指定银行办理资金汇出手续
架构设计	直接投资架构	投资者（自然人或法人）跨越国境进行投资，采取新设、增资或收购等方式，直接获取或控制境外企业的股权或资产，以获得利润或达到其他战略目标的投资活动被称为跨境直接投资。 跨境直接投资包括外国直接投资（FDI）和对外直接投资（ODI）两种具体形式，前者指境外投资者对我国境内企业的直接投资，后者指我国境内投资者对境外企业的直接投资
	其他架构设计	私募股权投资基金使用较多的架构是由投融资双方在境外设立特殊目的公司（SPV），境外私募股权投资基金投资于该特殊目的公司，再由该特殊目的公司以外国直接投资方式投资于境内企业。若日标企业所从事行业为特殊行业时，有时还会采用可变利益实体（VIE）的投资架构。注意，当前我国法律框架下，VIE 架构合法性仍存在疑问

【典型习题】

1. 一般而言，中国企业进行境外投资必须获得特定审批机关的批准，这里的审批机关主要是指(　　)。

A. 发展改革部门和商务部门　　　　B. 外汇局和交通管理部门

C. 发展改革部门和外汇局　　　　D. 商务部门和交通管理部门

2. 境内股权投资基金投资于境外企业，应遵循我国(　　)。

A.《外资企业法》及《中外合作经营企业法》

B. 商务部颁布的《境外投资管理办法》及国家发展改革委颁布的《境外投资项目核准和备案管理办法》

C.《中外合作经营企业法》及《中外合资经营企业法》

D.《公司法》及《证券法》

3. 我国对企业境外投资区分不同情况，涉及敏感国家和地区或敏感行业或投资金额较大的，实行(　　)管理。

A. 备案　　　　B. 登记

C. 核准　　　　D. 注册

4. 关于跨境股权投资的架构设计的描述，错误的是(　　)。

A. 跨境股权投资可以采取间接投资的架构

B. 跨境直接投资包括外国直接投资（FDI）和对外直接投资（ODI）两种具体形式

C. 私募股权投资基金行业使用较多的一种架构，是由投融资双方在境外设立特殊目的公司（SPV），境外私募股权投资基金投资于该特殊目的公司，再由该特殊目的公司以外国直接投资方式投资于境内企业

D. 在我国当前的法律框架下，可变利益实体（VIE）架构的合法性仍存在一定的疑问

【参考答案】

1. A　　2. B　　3. C　　4. A

第 6 章　私募股权投资基金的投资后管理

【知识结构框架】

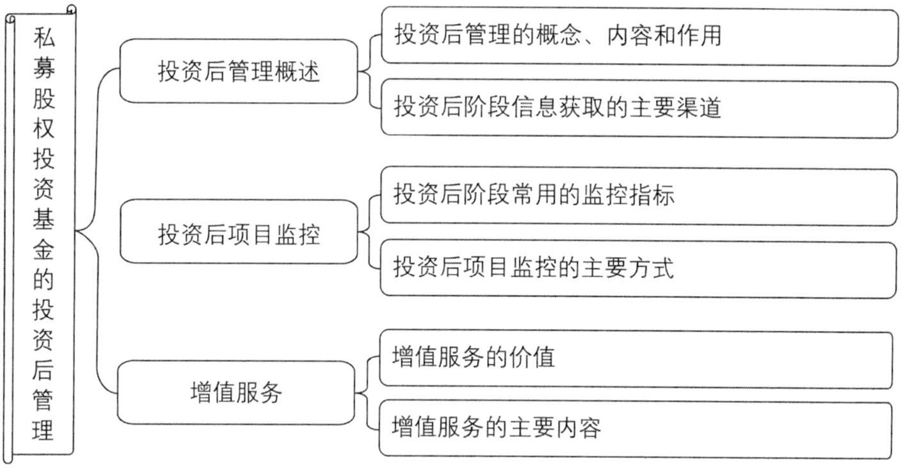

第一节　投资后管理概述

【教材解读】

考点 1　投资后管理的概念、内容和作用（表 6－1）

表 6－1　投资后管理的概念、内容和作用

项　　目	内　　容
概念	是指私募股权投资基金与被投资企业签署正式投资协议之后，基金管理人积极参与被投资企业的重大经营决策，为被投资企业实施风险监控，并提供各项增值服务等一系列活动
投资后管理的期间	是指在完成项目尽职调查并实施投资后直到项目退出之前。投资后管理涉及投资项目发展与退出方案实现，良好投资后管理会从主动层面减少或消除潜在的投资风险，从而实现投资的保值增值
主要内容	（1）为股权投资基金对被投资企业进行的项目监控活动。 （2）为股权投资基金对被投资企业提供的增值服务

续表

项　目	内　容
作用	（1）私募股权投资基金投资后项目监控有利于及时了解被投资企业经营运作情况，根据不同情况及时采取措施，并保证资金安全。 （2）投资后增值服务有利于提升被投资企业自身价值，增加投资收益。 （3）投资后管理对私募股权投资基金参与企业后续融资时决策起到重要的决策支撑作用

考点 2　投资后阶段信息获取的主要渠道（表 6－2）

表 6－2　　投资后阶段信息获取的主要渠道

信息获取渠道	内　容
参与被投资企业股东大会（股东会）、董事会、监事会	公司的最高权力机构是股东大会（股东会），并由全体股东组成，负责修改公司章程，聘任和解聘公司董事，公司上市、增资、减资、利润分配，审批重大关联交易等重大事项的决策。 董事会负责的重要决策：批准公司发展战略，批准公司年度财务预算与决算，聘任和解聘公司高级管理人员，决定公司高级管理人员的薪酬和考核与激励制度等。 公司内部专门行使监督权的监督机构是监事会，对公司董事和高管的行为行使监督权力，是公司法人治理结构的重要组成部分。 私募股权投资基金通过基金管理人参与被投资企业股东大会（股东会）、董事会和监事会，全面了解与公司发展的重要信息，行使相应职权保护私募股权投资基金的利益，促进被投资企业良性发展
关注被投资企业经营状况	根据法律法规和投资协议约定，一般被投资企业有义务及时向私募股权投资基金提供与企业经营状况相关的报告（包括月度报告、季度报告、半年度报告、年度报告和有关专项报告）。 私募股权投资基金可通过被投资企业提交的经营报告了解企业业务进展情况，并关注企业出现的支付延误、亏损、财务报表呈报日期延误、财务报表质量不佳、资产负债表项目出现重大变化、企业家回避接触、出现大量财产被盗情形、管理层出现变动、销售及订货出现重大变化、存货变动异常、缺少预算和计划、会计制度变化、失去重要客户和供应商、出现劳工问题、市场价格和份额变化等问题。 与此同时，私募股权投资基金还应关注相关外部预警信号，如关于企业生产所需技术变化、企业所处行业变化及政府政策变动等
日常联络和沟通工作	私募股权投资基金作为外部投资者，应减少或消除信息不对称带来的问题，因此最有效的解决办法就是及时沟通。私募股权投资基金一般采取电话或会面、到企业实地考察等方式与被投资企业主要管理人员交谈、接触，目的是为了了解企业日常经营情况，对其进行指导或咨询，实现有效沟通

【典型习题】

1. 下列选项中，(　　)是指私募股权投资基金与被投资企业签署正式投资协议之后，基金管理人积极参与被投资企业的重大经营决策，为被投资企业实施风险监控，并提供各项增值服务等一系列活动。

A. 投资后管理　　B. 内部管理

C. 项目退出　　D. 项目初审

2. 下列关于投资后管理的说法，正确的是(　　)。

A. 在完成项目尽职调查并实施投资前属于投资后管理的期间

B. 投资后管理关系到投资项目的发展与退出方案的实现，良好的投资后管理将会从主动层面减少或消除潜在的投资风险，实现公司章程的完善

C. 通常，投资后管理的内容只包括私募股权投资基金对被投资企业进行的项目监控活动

D. 投资后管理是指股权投资基金与被投资企业签署正式投资协议之后，基金管理人积极参与被投资企业的重大经营决策，为被投资企业实施风险监控，并提供各项增值服务等一系列活动

3. 私募股权投资基金作为外部投资者，要减少或消除信息不对称带来的问题，(　　)是最有效的解决办法。

A. 参与被投资企业股东大会　　B. 及时沟通

C. 关注被投资企业经营状况　　D. 关注证监会信息

4. 私募股权投资基金通常采取(　　)等方式与被投资企业主要管理人员进行交谈和接触，目的是了解企业的日常经营情况，并对其进行指导或咨询，实现有效的沟通。

A. 制定行业规范、到企业实地考察　　B. 制定公司章程、到企业实地考察

C. 电话或会面、到企业实地考察　　D. 电话或会面、制定行业规范

5. 私募股权投资基金通过基金管理人(　　)，可以全面了解与公司发展相关的重要信息，并通过行使相应职权保护私募股权投资基金的利益，促进被投资企业的良性发展。

A. 参与被投资企业股东大会（股东会）、董事会和监事会

B. 关注行业资讯

C. 日常联络和沟通工作

D. 关注被投资企业经营状况

6. 下列选项中，(　　)是作为公司内部专门行使监督权的监督机构，对公司董事和高管的行为是否符合法律法规和公司章程的规定行使监督权力，是公司法人治理结构的重要组成部分。

A. 监事会　　B. 证监会

C. 董事会　　D. 股东大会（股东会）

【参考答案】

1. A　2. D　3. B　4. C　5. A　6. A

第二节 投资后项目监控

【教材解读】

考点1 投资后阶段常用的监控指标（表6—3）

表6—3　　投资后阶段常用的监控指标

监控指标	内　　容
经营指标	（1）对于业务和市场已经相对成熟稳定的企业，侧重于业绩指标，包括净利润。 （2）对于尚在积极开拓市场的企业，侧重于成长指标，包括销售额增长、网点建设、新市场进入等
管理指标	主要包括公司战略与业务定位、经营风险控制情况、股东关系与公司治理、高级管理人员尽职与异动情况、重大经营管理问题、危机事件处理情况等
财务指标	主要包括资金使用情况、三大财务报表、会计制度与重大财务方案、进驻财务监督人员的反馈情况等
市场信息追踪指标	主要包括产品市场前景和竞争状况、产品销售与市场开拓情况、经第三方了解的企业经营状况、相关产业动向及政府政策变动情况等

考点2 投资后项目监控的主要方式

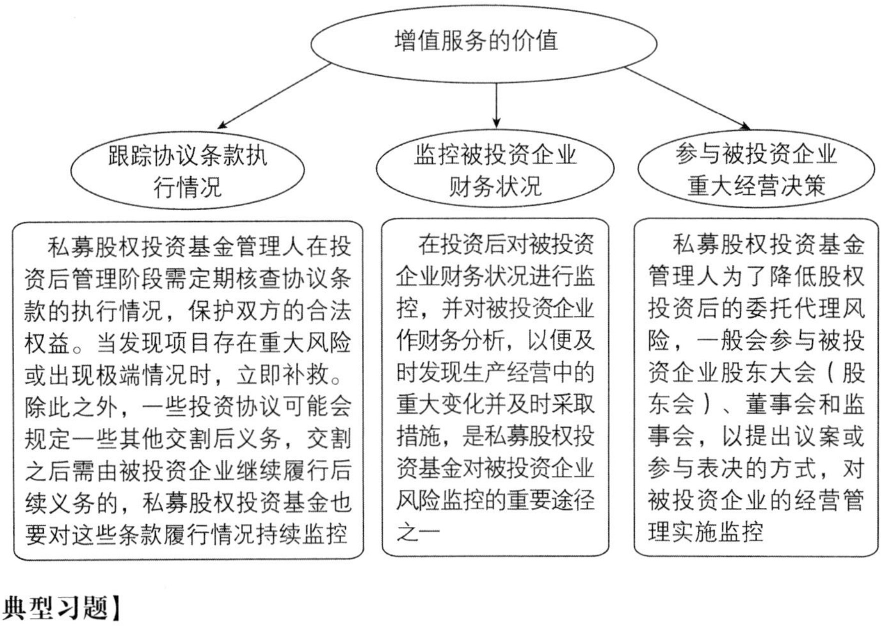

【典型习题】

1. 私募股权投资基金投资后阶段常用的监控指标中，对于尚在积极开拓市场的企业，侧重于成长指标，不包括(　　)。

A. 销售额增长　　B. 网点建设

C. 净利润　　D. 新市场进入

2. 私募股权投资基金投资后阶段的监控指标中，下列不属于财务指标的是(　　)。

A. 三大财务报表　　B. 会计制度与重大财务方案

C. 新市场进入　　D. 进驻财务监督人员的反馈情况

3. 私募股权投资基金投资后阶段的监控指标中，市场信息追踪指标主要包括(　　)等。

A. 销售额增长、网点建设、新市场进入

B. 公司战略与业务定位、经营风险控制情况、股东关系与公司治理、高级管理人员尽职与异动情况、重大经营管理问题、危机事件处理情况

C. 资金使用情况、三大财务报表、会计制度与重大财务方案、进驻财务监督人员的反馈情况

D. 产品市场前景和竞争状况、产品销售与市场开拓情况、经第三方了解的企业经营状况、相关产业动向及政府政策变动情况

4. 为了降低股权投资后的委托代理风险，私募股权投资(　　)通常会参与被投资企业股东大会（股东会)、董事会和监事会，并以提出议案或参与表决的方式，对被投资企业的经营管理实施监控。

A. 基金管理人　　B. 基金投资人

C. 基金托管人　　D. 注册登记结构

【参考答案】

1. C　　2. C　　3. D　　4. A

第三节　增值服务

【教材解读】

考点 1　增值服务的价值

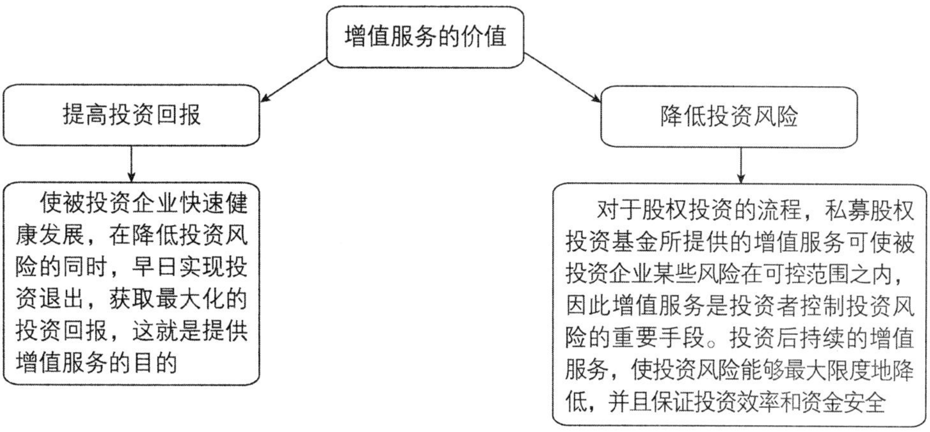

考点2　增值服务的主要内容（表6—4）

表6—4　增值服务的主要内容

主要内容	具体表现
完善公司治理结构	私募股权投资基金本身注重被投资企业的治理结构及组织架构，因此会就此提供合理意见与建议，并帮助被投资企业逐步建立规范的公司治理结构
规范财务管理系统	对于被投资企业，私募股权投资基金能帮助它建立规范的会计账户处理流程，并协助建立以规范管理、控制风险为基本理念的现代财务管理体系
为企业提供管理咨询服务	为被投资企业提供战略、组织、财务、人力资源、市场营销等方面的顾问建议就是指为企业提供管理咨询服务。私募股权投资基金对被投资企业所处行业情况较了解，经验相对丰富，投资人一般作为管理顾问，帮助被投资企业完善商业计划、改善经营管理、发现新的业务机会，与此同时，也会较早觉察到企业可能出现的问题，以降低企业运行风险
提供再融资服务	私募股权投资基金一般会利用自身在资本市场上的关系网络联合其他投资机构一起投资，还和证券市场上投资银行及基金公司密切联系，能帮助企业选择合适的时机上市或者发行债券。因私募股权投资基金能给被投资企业提供潜在持续融资机会，被投资企业会去寻找在投资行业内有广泛关系的私募股权投资基金，希望通过其加入公司来保证后续轮次融资活动顺利进行
提供外部关系网络	一般私募股权投资基金与社会各界有着广泛联系。凭借外部关系网络，投资人能为被投资企业带来战略性资源并将其融入企业之中，使其成为被投资企业的竞争优势。 （1）为被投资企业引入重要的战略合作伙伴和外部专家。 （2）为被投资企业寻找关键人才
上市辅导及并购整合	私募股权投资基金为实现资本增值，要参与被投资企业的资本运营，帮助被投资企业作并购或上市/挂牌前的准备工作，引入证券公司开展上市/挂牌辅导工作，利用自身资源，推荐并购标的或上市证券交易市场

【典型习题】

1. 从私募股权投资的流程看，私募股权投资基金所提供的（　　）可以使被投资企业的一些风险处于可控范围之内，并且是投资者控制投资风险的一项重要手段。

A. 项目退出服务　　　　B. 尽职调查

C. 增值服务　　　　D. 立项服务

2. 私募股权投资基金为被投资企业提供的增值服务通常包括（　　）等方面的内容。

A. 完善公司章程、规范财务管理系统、为企业提供审计服务、提供再融资服务、提供外部关系网络、上市辅导及并购整合

B. 完善公司治理结构、规范财务管理系统、为企业提供管理咨询服务、提供再融资服务、提供内部关系网络、上市辅导及并购整合

C. 完善公司治理结构、规范财务管理系统、为企业提供审计服务、提供再融资服务、提供外部关系网络、上市辅导及并购整合

D. 完善公司治理结构、规范财务管理系统、为企业提供管理咨询服务、提供再融资服务、提供外部关系网络、上市辅导及并购整合

3. 由于私募股权投资基金能够给被投资企业提供潜在的(　　)机会，被投资企业往往会去寻找那些在投资行业内有广泛关系的私募股权投资基金。

A. 资本增值　　B. 持续融资

C. 外部关系网络　　D. 并购整合

4. 由于股权投资基金对被投资企业所处的行业情况比较了解，并且经验相对丰富，投资人经常作为管理顾问，帮助被投资(　　)，同时也可以较早觉察到企业未来可能出现的问题，降低企业的运行风险。

A. 提供再融资服务、改善经营管理、发现新的业务机会

B. 企业完善商业计划、提供再融资服务、发现新的业务机会

C. 企业完善商业计划、改善经营管理、发现新的业务机会

D. 企业完善商业计划、改善经营管理、提供再融资服务

【参考答案】

1. C　　2. D　　3. B　　4. C

第 7 章　私募股权投资基金的项目退出

【知识结构框架】

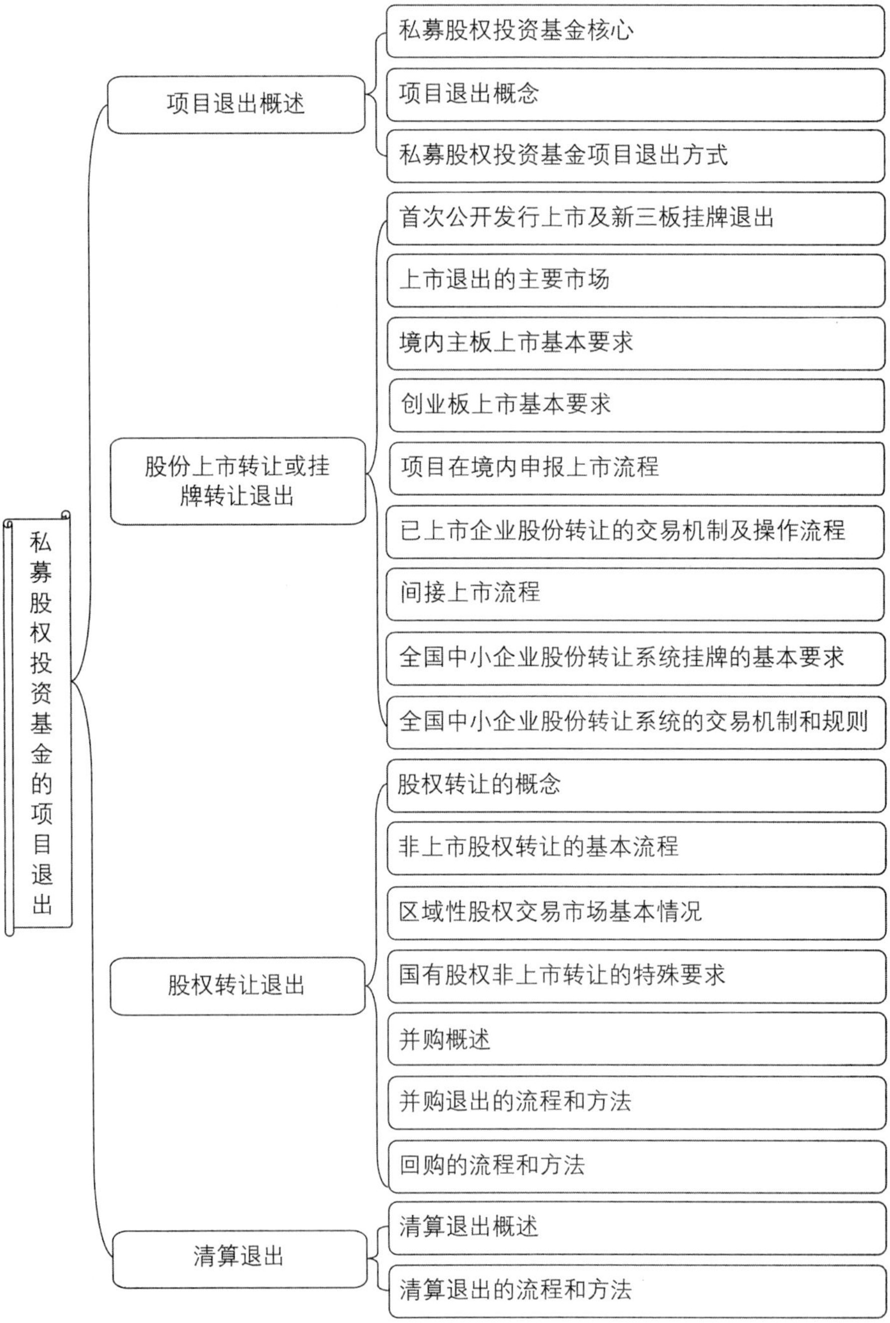

第一节　项目退出概述

【教材解读】

考点　项目退出概述

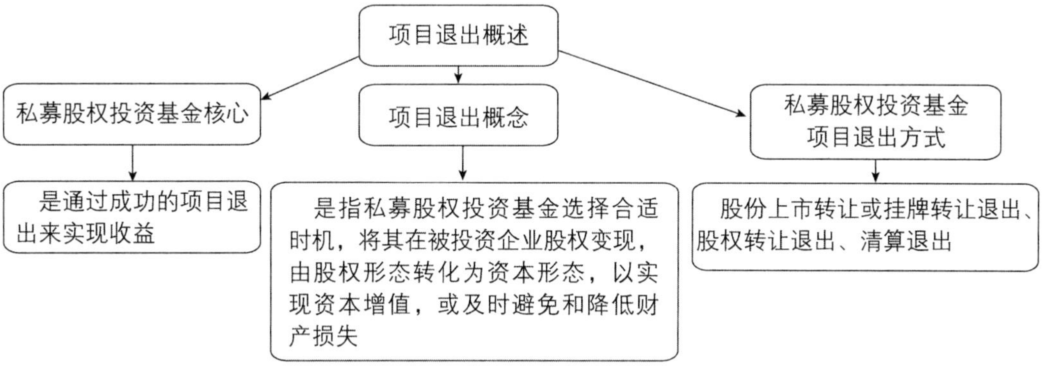

【典型习题】

1. 私募股权投资基金的核心是(　　)。

A. 通过成功的项目退出来实现收益

B. 通过增值服务降低投资风险

C. 通过增值服务提高投资回报

D. 通过投资后项目监控为企业提供管理咨询服务

2. 项目退出是指私募股权投资基金选择合适的时机，将其在被投资企业的股权变现，由股权形态转化为资本形态，以实现(　　)，或及时避免和降低财产损失。

A. 投资风险降低

B. 资本增值

C. 提高投资回报

D. 挂牌转让

3. 私募股权投资基金的项目退出方式主要有(　　)。

A. 增值服务转让退出、股权转让退出、清算退出

B. 股份上市转让或挂牌转让退出、增值服务转让退出、清算退出

C. 股份上市转让或挂牌转让退出、股权转让退出、清算退出

D. 股份上市转让或挂牌转让退出、股权转让退出、增值服务转让退出

【参考答案】

1. A　　2. B　　3. C

第二节　股份上市转让或挂牌转让退出

【教材解读】

考点1　首次公开发行上市及新三板挂牌退出概述

（1）私募股权投资基金首选的退出方式是股份上市转让。

（2）首次公开发行上市（IPO）：一般是指在被投资企业经营达到理想状态时进行，私募股权投资基金通过企业上市将其拥有的不可流通股份转变成可在公开市场上流通股份，通过股票在公开市场转让实现投资退出和资本增值。

（3）新三板挂牌退出：随着我国新三板市场的兴起及交易制度不断完善，新三板挂牌退出也成为私募股权投资基金的重要退出方式。

考点2　上市退出的主要市场（表7－1）

表7－1　上市退出的主要市场

项　　目	内　　容
IPO类型	主要包括国内A股IPO和海外IPO
国内A股IPO市场类型	包括主板、中小企业板和创业板。 （1）主板市场：该市场是国内最重要的证券市场，对企业的资本条件、盈利水平等指标要求比较高。 （2）中小企业板市场：该市场是深圳证券交易所为了鼓励自主创新而专门设置的中小型公司聚集板块。该市场交易实行运行独立、监察独立、代码独立、指数独立，遵循与主板市场相同的法律规章、上市条件及信息披露要求。 （3）创业板市场：该市场主要面向成长型创业企业，重点支持自主创新企业。该市场的推出，提高了我国资本市场的运行效率及竞争力，对于丰富私募股权投资基金的退出渠道有重要作用
海外IPO市场类型	对我国企业来说，海外IPO市场主要以中国香港主板、美国纳斯达克证券交易所（NASDAQ）、纽约证券交易所（NYSE）等市场为主

考点3　境内主板上市基本要求

根据现行上市规则，我国境内主板上市要求包括：

（1）发行人是依法设立且持续经营3年以上的股份有限公司（经国务院批准的除外）。

（2）对于注册资本，发行人已足额缴纳，发起人或股东用做出资的资产的财产权转移手续已办理完毕，发行人的主要资产不存在重大权属纠纷。

（3）发行人的生产经营符合法律、行政法规和公司章程的规定，符合国家产业政策。

（4）发行人最近3年内主营业务和董事、高级管理人员没有发生重大变化，实际控制人没有发生变更。

（5）发行人股权清晰，控股股东和受控股股东、实际控制人支配的股东持有的发行人股份不存在重大权属纠纷。

（6）在独立性方面，发行人无严重缺陷（即发行人的资产完整，人员、财务、机构和业务独立）。

（7）发行人的组织结构健全且运行良好，已经依法建立健全股东大会、董事会、监事会、独立董事、董事会秘书制度，相关机构和人员能够依法履行职责。

（8）发行人财务状况良好：在最近 3 个会计年度，净利润均为正数且累计超过人民币 3000 万元，净利润以扣除非经常性损益前后较低者为计算依据；在最近 3 个会计年度，经营活动产生现金流量净额累计超过人民币 5000 万元，或最近 3 个会计年度营业收入累计超过人民币 3 亿元；发行前股本总额不少于 3000 万元人民币；最近一期期末无形资产（扣除土地使用权、水面养殖权和采矿权等后）占净资产不高于 20%的比例；最近一期期末不存在未弥补亏损。

（9）发行人依法纳税，各项税收优惠符合相关法律法规的规定。发行人经营成果对税收优惠不存在严重依赖。

（10）发行人募集资金用途符合规定：募集资金的使用方向应当明确，原则上应用于主营业务；募集资金数额和投资项目应与发行人现有生产经营规模、财务状况、技术水平和管理能力等相适应；发行人董事会应对募集资金投资项目可行性进行分析，确信投资项目的市场前景和盈利能力较好，有效防范投资风险，提高募集资金使用效益。

（11）发行人不存在违法行为。

考点 4　创业板上市基本要求

根据现行上市规则，我国创业板上市要求包括：

（1）发行人是依法设立的股份有限公司，且持续经营 3 年以上。

（2）最近两年连续盈利，最近两年净利润累计不少于 1000 万元；或最近一年盈利，最近一年营业收入不少于 5000 万元。净利润以扣除非经常性损益前后孰低者为计算依据。

（3）最近一期期末净资产不少于 2000 万元，且不存在未弥补亏损。

（4）发行后股本总额不少于 3000 万元。

（5）对于注册资本，发行人已足额缴纳，发起人或股东用做出资的资产的财产权转移手续已办理完毕。发行人主要资产不存在重大权属纠纷。

（6）应主要经营一种业务，其生产经营活动符合法律、行政法规和公司章程的规定，符合国家产业政策及环境保护政策。

（7）最近两年主营业务、董事和高级管理人员没有重大变动，实际控制人没有变更。

（8）公司的治理结构完善，依法建立健全股东大会、董事会、监事会以及独立董事、董事会秘书、审计委员会制度，相关机构和人员能够依法履行职责。

（9）发行人资产完整，业务及人员、财务、机构独立，业务体系完整，具有直接面向市场独立经营的能力。与控股股东、实际控制人及其控制的其他企业间不存在同业竞争，以及严重影响公司独立性或显失公允的关联交易。

（10）发行人会计基础工作规范，财务报表编制符合企业会计准则和相关信息披露规则的规定，在所有重大方面公允地反映了发行人的财务状况、经营成果和现金流量，并由注册会计师出具无保留意见的审计报告。

（11）发行人内部控制制度健全且被有效执行，能够保证公司财务报告的可靠性、生产经营的合法性、营运的效率与效果，并由注册会计师出具无保留结论的内部控制鉴证报告。

（12）发行人的董事、监事和高级管理人员应当忠实、勤勉、尽责，具备法律、行政法规和规章规定的资格。

（13）发行人募集资金应用于主要业务，并有明确用途。

（14）发行人及其控股股东、实际控制人最近 3 年内不存在损害投资者合法权益和社会公共利益的重大违法行为。

考点 5　项目在境内申报上市流程（表 7-2）

表 7-2　项目在境内申报上市流程

项目在境内申报上市流程	主要内容
成立股份公司	包括：确定成立途径；制订改制方案；聘请验资、资产评估、审计等中介机构；申请设立资料；召开创立大会等
上市前辅导	包括：聘请券商（具有主承销资格）；上市方案与可研报告（董事会）；辅导报当地证监局备案，辅导验收通过等
上市申报和核准	包括：申报材料制作；申报和受理；反馈意见及回复；初审会及与监管部门沟通；发审会核准，取得批复文件
促销和发行	包括：审核通过后向交易所申请发行；推出研究报告，进行公司定位和估值；准备分析员说明会和路演；询价、促销；确定发行规模和定价范围
股票上市及后续	包括：定价；股份配置；交易和稳定股价；发行结束；后市支持

考点 6　已上市企业股份转让的交易机制及操作流程（表 7—3）

表 7—3　已上市企业股份转让的交易机制及操作流程

项　　目		内　　容
竞价交易	主要内容	该制度又称为委托驱动制度，其主要内容包括：开市价格由集合竞价形成，随后交易系统对不断进入的投资者交易指令，按价格优先与时间优先原则排序，将买卖指令配对竞价成交
	我国的证券交易所竞价方式	集合竞价方式和连续竞价方式

续表

项　目		内　容
竞价交易	竞价结果	有三种可能：全部成交、部分成交、不成交
	我国上市公司股票交易制度	实行涨跌幅限制，无论买入或卖出，股票（含 A、B 股票）在一个交易日内交易价格相对上一个交易日收市价格的涨跌幅不得超过 10%，其中 ST 股票和*ST 股票价格涨跌幅不得超过 5%
大宗交易	概念	又称大宗买卖，是指达到规定最低限额证券单笔买卖申报，买卖双方经过协议达成一致并经交易所确认成交的证券交易。各个交易所在它的交易制度中或者在它的大宗交易制度中对大宗交易有明确界定，且各不相同
	类型	分为协议大宗交易和盘后定价大宗交易
协议转让	概念	是指买卖各方依据事先达成的转让协议，向股份上市所在证券交易所和登记机构申请办理股份转让过户的业务
	类型	（1）上市公司股份协议转让根据转让股份类型的不同，可分为流通股协议转让和非流通股协议转让。 （2）上市公司股份协议转让根据转让主体类型的不同，可分为国有股协议转让和非国有股协议转让。 （3）上市公司股份协议转让根据转让情形的不同，可分为协议收购、对价偿还、股份回购等

考点 7　间接上市流程（表 7—4）

表 7—4　　间接上市流程

项　目	内　容
间接上市概念	又称重组上市，是指一家非上市公司通过把资产注入一家已上市公司，从而得到该公司一定程度的控股权，利用其上市公司地位，原非上市公司得以间接上市
在重组上市的方式中，原上市公司具有的特点	在重组上市的方式中，原上市公司处于不景气行业中，具有的特点包括：收购成本低、股本扩张能力强等
重组上市路径	（1）上市公司以非公开发行方式直接向收购方发行股份购买其资产，从而达到重组上市的目的。 （2）非上市公司首先通过协议或直接二级市场购买等方式取得上市公司控制权。 非上市公司控制上市公司后，通过上市公司收购非上市公司资产，将非上市公司有关业务和资产注入到上市公司中去，从而重组上市

考点 8　全国中小企业股份转让系统挂牌的基本要求（表 7—5）

表 7—5　全国中小企业股份转让系统挂牌的基本要求

项　目	内　容
全国中小企业股份转让系统概述	该转让系统是经国务院批准设立的第一家公司制证券交易场所，也是继上海证券交易所、深圳证券交易所之后第三家全国性证券交易场所，简称全国股份转让系统，通常称新三板
股份有限公司申请股票在新三板挂牌的条件	股份有限公司申请股票在新三板挂牌，不受股东所有制性质限制，不限于高新技术企业，但应当符合的条件包括： （1）依法设立且存续满两年。有限责任公司按原账面净资产值折股整体变更为股份有限公司的，存续时间可以从有限责任公司成立之日起计算； （2）业务明确，具有持续经营能力； （3）公司治理机制健全，合法规范经营； （4）股权明晰，股票发行和转让行为合法合规； （5）主办券商推荐并持续督导； （6）全国股份转让系统公司要求的其他条件

考点 9　全国中小企业股份转让系统的交易机制和规则（表 7—6）

表 7—6　全国中小企业股份转让系统的交易机制和规则

项　目		内　容
新三板交易机制	新三板挂牌股票的转让方式	主要包括做市转让和协议转让
	委托买卖股票方式	已开设全国股转系统账户在托管券商开立资金结算账户的合格投资者，委托买卖股票可通过托管券商柜台、互联网、自助终端等方式进行
新三板交易基本规则		（1）以机构投资者为主，合格自然人也可参加投资。 （2）实行股份转让限售期。新三板对发起人、控股股东及实际控制人、高级管理人员所持股份转让设定限售期。 （3）设定股份交易最低限额。每次交易要求不得低于 1000 股，投资者证券账户某一股份余额不足 1000 股的，只能一次性委托卖出。股票转让单笔申报最大数量不得超过 100 万股。 （4）投资者委托交易。投资者委托分为意向委托、定价委托和成交确认委托，委托当日有效。意向委托、定价委托和成交确认委托均可撤销，但经报价系统确认成交的委托不得撤销或变更。 （5）交易须券商代理。投资者通过券商交易系统进行申报等相关手续（如报价申报、转让或购买委托、成交确认、清算交收等），挂牌公司及投资者在代办系统所进行的股份交易的相关手续均须通过券商办理。 （6）分级结算原则。新三板交易制度对股份和资金的结算原则是实行分级结算。分级结算又称一级结算，是指证券登记结算机构与证券公司等结算参与人进行资金和证券的法人结算；证券公司再与投资者进行二级结算。 （7）依托新三板代办交易系统

【典型习题】

1. 私募股权投资基金首选的退出方式是(　　)。

A. 股权转让退出　　B. 清算退出

C. 股份上市转让　　D. 增值服务转让退出

2. 中小企业板市场是(　　)为了鼓励自主创新而专门设置的中小型公司聚集板块。

A. 深圳证券交易所　　B. 纽约证券交易所

C. 上海证券交易所　　D. 纳斯达克证券交易所

3. 中小企业板市场交易实行(　　)，遵循与主板市场相同的法律规章、上市条件及信息披露要求。

A. 清算独立、监察独立、代码独立、指数独立

B. 运行独立、监察独立、代码独立、指数独立

C. 运行独立、监察独立、清算独立、指数独立

D. 运行独立、监察独立、代码独立、清算独立

4. 下列选项中，(　　)主要面向成长型创业企业，重点支持自主创新企业。

A. 主板市场　　B. 中小企业板市场

C. 期货市场　　D. 创业板市场

5. 根据现行上市规则，我国境内主板上市要满足的其中一个要求是发行人最近(　　)年内主营业务和董事、高级管理人员没有发生重大变化，实际控制人没有发生变更。

A. 3　　B. 5

C. 7　　D. 9

6. 根据现行上市规则，境内主板上市要满足相关要求，其中一个要求是发行人募集资金用途符合规定，下列说法中错误的是(　　)。

A. 募集资金应当有明确的使用方向，原则上应当用于主营业务

B. 募集资金数额和投资项目应当与发行人现有生产经营规模、财务状况、技术水平和管理能力等相适应

C. 发行人董事会应当对募集资金投资项目的可行性进行认真分析，确信投资项目具有较好的市场前景和盈利能力，有效防范投资风险，提高募集资金使用效益

D. 最近一期期末不存在未弥补亏损

7. 根据现行上市规则，我国创业板上市要满足发行人内部控制制度健全且被有效执行，能够合理保证(　　)，并由注册会计师出具无保留结论的内部控制鉴证报告的要求。

A. 公司财务报告的合法性、生产经营的可靠性、营运的效率与效果

B. 公司财务报告的经济性、生产经营的合法性、营运的效率与效果

C. 公司财务报告的可靠性、生产经营的合理性、营运的效率与效果

D. 公司财务报告的可靠性、生产经营的合法性、营运的效率与效果

8. 根据现行上市规则，下列关于我国创业板上市要求的描述，错误的是(　　)。

A. 最近一期期末净资产不少于1000万元，且不存在未弥补亏损

B. 发行后股本总额不少于3000万元

C. 发行人的注册资本已足额缴纳，发起人或者股东用做出资的资产的财产权转移手续已办理完毕。发行人的主要资产不存在重大权属纠纷

D. 应当主要经营一种业务，其生产经营活动符合法律、行政法规和公司章程的规定，符合国家产业政策及环境保护政策

9. 私募股权投资基金的项目在境内申报上市流程中，上市前辅导这个流程的主要内容包括(　　)。

A. 聘请券商；上市方案与可研报告（董事会）；辅导报当地证监局备案，辅导验收通过等

B. 申报材料制作；申报和受理；反馈意见及回复；初审会及与监管部门沟通；发审会核准，取得批复文件

C. 审核通过后向交易所申请发行；推出研究报告，进行公司定位和估值；准备分析员说明会和路演；询价、促销；确定发行规模和定价范围

D. 定价；股份配置；交易和稳定股价；发行结束；后市支持

10. 私募股权投资基金的项目在境内申报上市流程中，上市申报和核准这个流程的主要内容包括(　　)。

A. 推出研究报告，进行公司定位和估值；申报和受理；反馈意见及回复；初审会及与监管部门沟通；发审会核准，取得批复文件

B. 申报材料制作；推出研究报告，进行公司定位和估值；反馈意见及回复；初审会及与监管部门沟通；发审会核准，取得批复文件

C. 申报材料制作；申报和受理；反馈意见及回复；初审会及与监管部门沟通；发审会核准，取得批复文件

D. 申报材料制作；申报和受理；推出研究报告，进行公司定位和估值；初审会及与监管部门沟通；发审会核准，取得批复文件

11. 私募股权投资基金的项目在境内申报上市流程中，(　　)的主要内容包括定价、股份配置、交易和稳定股价、发行结束、后市支持。

A. 促销和发行　　B. 股票上市及后续

C. 上市申报和核准　　D. 上市前辅导

12. 竞价交易制度的主要内容是开市价格由集合竞价形成，随后交易系统对不断进入的投资者交易指令，按(　　)原则排序，将买卖指令配对竞价成交。

A. 利润优先与时间优先　　B. 价格优先与利润优先

C. 价格优先与时间优先　　D. 主体优先与利润优先

13. 我国的证券交易所采用(　　)竞价方式。

A. 集合竞价和连续竞价　　B. 集合竞价和间断竞价

C. 分开竞价和间断竞价　　D. 集合竞价和间断竞价

14. 我国上市公司股票交易实行涨跌幅限制，无论买入或者卖出，股票（含A、B股票）在一个交易日内交易价格相对上一个交易日收市价格的涨跌幅不得超过(　　)。

A. 5%　　　　B. 10%

C. 15%　　　　D. 20%

15. 下列关于大宗交易的说法，错误的是(　　)。

A. 大宗交易又称大宗买卖

B. 大宗交易是指达到规定的最高限额的证券单笔买卖申报，买卖双方经过协议达成一致并经交易所确认成交的证券交易

C. 各个交易所在它的交易制度中或者在它的大宗交易制度中都对大宗交易有明确的界定，而且各不相同

D. 大宗交易分为协议大宗交易和盘后定价大宗交易

16. 根据转让主体类型的不同，上市公司股份协议转让可以分为(　　)。

A. 协议收购、对价偿还、股份回购

B. 流通股协议转让、对价偿还、股份回购

C. 流通股协议转让和非流通股协议转让

D. 国有股协议转让和非国有股协议转让

17. 上市公司股份协议转让根据转让情形的不同，其分类不包括(　　)。

A. 股份回购　　　　B. 协议收购

C. 对价偿还　　　　D. 国有股协议转让

18. 下列选项中，(　　)是指一家非上市公司通过把资产注入一家已上市公司，从而得到该公司一定程度的控股权，利用其上市公司地位，原非上市公司得以间接上市。

A. 协议转让　　　　B. 间接上市

C. 大宗交易　　　　D. 竞价交易

19. 经国务院批准设立的第一家公司制证券交易场所是(　　)。

A. 全国中小企业股份转让系统　　　　B. 深圳证券交易所

C. 上海证券交易所　　　　D. 香港交易所

20. 股份有限公司申请股票在新三板挂牌，不受股东所有制性质的限制，不限于高新技术企业，但应当符合相关条件。下列描述中错误的是(　　)。

A. 依法设立且存续满一年

B. 业务明确，具有持续经营能力

C. 公司治理机制健全，合法规范经营

D. 股权明晰，股票发行和转让行为合法合规

21. 新三板交易制度对股份和资金的结算实行(　　)原则。

A. 公开阶段　　　　B. 统一结算

C. 分级结算　　　　D. 公正结算

22. 下列关于新三板现行交易规则的描述，正确的是(　　)。

A. 股票转让单笔申报最大数量不得超过 50 万股

B. 投资者通过券商交易系统进行报价申报、转让或购买委托、成交确认、清算交收等手续，挂牌公司及投资者在代办系统所进行的股份交易的相关手续均须通过券商办理

C. 新三板交易制度对股份和资金的结算原则实行综合结算

D. 每次交易要求不得低于 500 股，投资者证券账户某一股份余额不足 500 股的，只能一次性委托卖出

【参考答案】

1. C　2. A　3. B　4. D　5. A　6. D　7. D　8. A　9. A　10. C
11. B　12. C　13. A　14. B　15. B　16. D　17. D　18. B　19. A
20. A　21. C　22. B

第三节　股权转让退出

【教材解读】

考点 1　股权转让的概念

私募股权投资基金重要的退出途径是股权转让。股权转让是指非上市企业股东依法将自己的股份让渡给他人，使他人成为公司股东的民事法律行为。

考点 2　非上市股权转让的基本流程

1. 未在交易所上市的公司股权转让概述（表 7—7）

表 7—7　未在交易所上市的公司股权转让概述

项　目	内　容
有限责任公司股权转让类型	分为内部转让和外部转让两种类型
内部转让	是指现有股东之间相互转让股权
外部转让	是指现有股东向股东以外的人转让股权
内部转让与外部转让的区别	两者的区别在于，外部转让一般需要征得其他股东过半数同意，且其他股东放弃优先购买权

2. 外部股权转让的程序（表 7—8）

表 7—8　外部股权转让的程序

程　序	内　容
达成初步意向	股权转让交易由双方协商，并达成初步意向。 股权转让方与受让方对股权转让事宜进行初步谈判，并签署股权转让意向书，约定受让方对目标公司开展尽职调查的相关安排、受让方在一定期间内的独家谈判权以及双方的保密义务等
尽职调查	尽职调查由聘请的中介机构对目标公司进行。依据股权转让意向书的约定，股权受让方可聘请专业中介机构对目标公司进行尽职调查

续表

程　　序	内　　容
履行必需法律程序	转让方股权转让必须符合《公司法》的规定，有些股权转让行为需要得到政府主管部门的批准
签署股权转让协议	在转让方与受让方进行谈判后，签署股权转让协议
签发出资证明书	在股权转让协议签署后，目标公司根据所转让股权数量，注销或变更转让方的出资证明书，向受让方签发出资证明书，并相应修改公司章程和股东名册中的相关内容
申请公司变更登记	向工商行政管理部门申请公司变更登记

考点3　区域性股权交易市场基本情况

（1）目前，我国资本市场类型分为交易所市场（主板、中小板、创业板）和场外市场。

（2）场外市场类型有全国中小企业股份转让系统（新三板）与区域性股权交易市场。

（3）区域性股权交易市场是为市场所在地省级行政区域内企业，尤其是中小微企业提供股权、债券转让和融资服务的场外交易市场，接受省级人民政府监管，中国证监会及其派出机构为区域性市场提供业务指导和服务。

（4）区域性股权交易市场作为多层次资本市场的组成部分，对于促进中小微企业股权交易和融资、鼓励科技创新和激活民间资本、加强对实体经济薄弱环节支持，具有积极作用。

考点4　国有股权非上市转让的特殊要求（表7—9）

表7—9　外部股权转让的程序

项　　目	内　　容
国有股权非上市转让的审批	国有企业的股权转让事项由国资监管机构负责审核。其中，因股权转让致使国家不再拥有所出资企业控股权的，由国资监管机构报本级人民政府批准。 国家出资企业应制定其子企业股权转让管理制度，并确定审批管理权限。其中，对于主业处于关系国家安全、国民经济命脉的行业和关键领域来说，主要承担重大专项任务子企业的股权转让，由国家出资企业报同级国资监管机构批准
国有股权非上市转让的审计评估	在股权转让事项经批准后，由转让方委托会计师事务所对转让标的企业审计。涉及参股权转让不宜单独专项审计的，转让方应取得转让标的企业最近一期年度审计报告。 对与按照有关法律法规要求必须进行资产评估的股权转让事项，转让方应委托具有相应资质评估机构对转让标的做资产评估，股权转让价格应以经核准或备案评估结果为基础确定

续表

项　　目	内　　容
国有企业股权非上市转让的交易	股权转让原则上通过产权市场公开进行。转让方依据企业实际情况、工作进度安排，采取信息预披露与正式披露相结合，并通过产权交易机构网站分阶段对外披露产权转让信息，公开征集受让方。其中，正式披露信息时间不得少于20个工作日
转让价款的支付	交易价款原则上自合同生效之日起5个工作日内一次付清。 对于金额较大、一次付清确有困难的，可采取分期付款。采用分期付款的，首期付款不得低于总价款的30%，并在合同生效之日起5个工作日内支付；其余款项应提供转让方认可的合法有效担保，并按同期银行贷款利率支付延期付款期间的利息，付款期限不得超过1年
国有股权非上市转让协议的效力	因国有股权非上市转让须履行特定审批程序，在涉及国有股权转让协议效力时，并不是签订就生效，需要附加生效条件，在前期审批、评估各项工作完成后，获得各部门批准后方能生效

考点5　并购概述（表7－10）

表7－10　　**并购概述**

项　　目	内　　容
并购的方式	包括兼并和收购两种方式
兼并	指两家或更多的独立的企业合并组成一家企业，通常由一家占优势的企业吸收一家或更多的企业
收购	是指一家企业用现金、股票或者债券等支付方式购买另一家企业的股票或者资产，以获得该企业控制权的行为
并购的特点	与一般股权转让交易相比，并购交易一般涉及企业控制权的转移。私募股权投资基金常见的退出方式是并购

考点6　并购退出的流程和方法（表7－11）

表7－11　　**并购退出的流程和方法**

项　　目	内　　容
前期准备阶段	对于私募股权投资基金有意向并购出售所投资企业股权时，首先要寻找潜在收购方，在和潜在收购方接触之前，股权投资基金和被投企业需要做的准备工作如下： （1）选择并购顾问：主要是选择合适的会计师、律师和投资银行。 （2）准备营销材料：营销材料包括出售方的执行概要和信息备忘录。其中，执行概要要重点说明企业战略优势，尤其是适合收购方整合优势，以吸引潜在收购者；信息备忘录是为了规范出售方信息披露，提高信息披露质量。 （3）实施市场营销行为：在该阶段，投资银行将联系有针对性的潜在买家

续表

项　　目	内　　容
尽职调查阶段	买卖双方之间存在信息不对称，尽职调查可减少信息不对称，尽可能降低买方收购风险。因此，有意向买家将对被投资企业进行尽职调查
价值评估阶段	估值问题是尽职调查之后收购方和出售方商谈的核心内容。资产评估通常委托独立资产评估机构完成。价值评估的目的之一在于估算出股权投资基金并购退出价值份额。最终的评估结果将由双方在评估基础上协商得到
协商履约阶段	谈判主要涉及的问题有：支付方式与期限、交接时间与方式、有关手续的办理与配合等。双方协商达成一致意见后开始签订正式协议书，明确双方的权利和义务。协议签订后，应办理相关交接手续

考点 7　回购的流程和方法（表 7—12）

表 7—12　　回购的流程和方法

项　　目		内　　容
回购概述		通常由被投资企业大股东或创始股东出资购买私募股权投资基金持有的企业股份，从而使私募股权投资基金实现退出行为被称为股权回购。 当私募股权投资基金管理人认为所投资企业效益未达到预期或被投资企业无法达到投资协议中的特定条款，可依据投资协议要求被投资企业股东回购股权，从而实现退出；当企业发展到一定阶段，被投资企业股东对企业未来潜力看好，考虑到基金持股可能带来丧失企业独立性等问题，也可通过协商主动回购私募股权投资基金持有的股权而使股权投资基金实现退出
回购的流程和方法	发起	发起人可以是私募股权投资基金，也可以是被投资企业股东、管理层。发起人选择时机提出回购要约
	协商	股权投资各主体利益博弈的过程就是股权回购协商过程。在整个过程中，围绕股权价格的争论是重中之重，股价定位要符合市场基本行情及满足各利益主体基本要求
	执行	回购双方依据协商形成股权回购协议交割。回购方按约定进度向私募股权投资基金支付议定的回购金额
	变更登记	企业股东在股权回购完毕后发生变化，及时依据《公司登记管理条例》相关规定在工商行政管理部门办理变更登记。变更登记事项涉及修改公司章程的，应向公司登记机关提交修改后公司章程或者公司章程修正案

【典型习题】

1. 关于未在交易所上市的公司股权转让的说法，错误的是（　　）。

A. 未在交易所上市的公司股权转让，需要符合我国法律对公司股权转让的相关规定

B. 对于有限责任公司，其股权转让分为内部转让和外部转让两种类型

C. 外部转让是指现有股东之间相互转让股权，内部转让是指现有股东向股东以外的人转让股权

D. 内部转让和外部转让的区别在于，外部转让一般需要征得其他股东过半数同意，且其他股东放弃优先购买权

2. 下列关于区域性股权交易市场的说法，错误的是(　　)。

A. 中国银监会及其派出机构为区域性市场提供业务指导和服务

B. 为市场所在地省级行政区域内的企业特别是中小微企业提供股权、债券的转让和融资服务的场外交易市场

C. 中国证监会及其派出机构为区域性市场提供业务指导和服务

D. 接受省级人民政府监管

3. 下列区域性股权交易市场的作用，说法错误的是(　　)。

A. 促进企业特别是大中型企业股权交易和融资

B. 是多层次资本市场的重要组成部分

C. 鼓励科技创新和激活民间资本

D. 加强对实体经济薄弱环节的支持

4. 对主业处于关系国家安全、国民经济命脉的重要行业和关键领域，主要承担重大专项任务子企业的股权转让，须由(　　)批准。

A. 国家出资企业报上级国资监管机构

B. 地方出资企业报同级地方监管机构

C. 国家出资企业报同级国资监管机构

D. 国家出资企业报下级国资监管机构

5. 国有企业股权非上市转让交易的转让方可根据企业实际情况和工作进度安排，采取信息预披露和正式披露相结合的方式，通过产权交易机构网站分阶段对外披露产权转让信息，公开征集受让方。其中，正式披露信息时间不得少于(　　)个工作日。

A. 10　　　　B. 20

C. 25　　　　D. 30

6. 国有股权非上市转让的特殊要求中，交易价款原则上应当自合同生效之日起(　　)个工作日内一次付清。

A. 3　　　　B. 4

C. 5　　　　D. 6

7. 国有股权非上市转让的特殊要求中，采用分期付款方式的，余款项应当提供转让方认可的合法有效担保，并按同期银行贷款利率支付延期付款期间的利息，付款期限不得超过(　　)。

A. 3 个月　　　　B. 6 个月

C. 9 个月　　　　D. 1 年

8. 与一般的股权转让交易相比，(　　)交易通常涉及企业控制权的转移。

A. 回购　　　　B. 清算

C. 并购　　　　　　　　　　　　　D. 反摊

9. 下列关于并购的说法，正确的是(　　)。

A. 企业并购只包括兼并

B. 收购是指两家或更多的独立的企业合并组成一家企业，通常由一家占优势的企业吸收一家或更多的企业

C. 兼并是指一家企业用现金、股票或者债券等支付方式购买另一家企业的股票或者资产，以获得该企业控制权的行为

D. 并购是股权投资基金常见的退出方式

10. 当股权投资基金通过并购的方式退出被投资企业时，股权投资基金作为卖方参与交易。买卖双方之间存在着信息不对称，尽职调查可以减少这种信息的不对称，尽可能地降低买方的收购风险。因此，有意向的买家将对被投资企业进行(　　)。

A. 前期准备　　　　　　　　　　　B. 尽职调查

C. 价值评估　　　　　　　　　　　D. 协商履约

11. 当私募股权投资基金管理人认为所投资企业效益未达到预期或被投资企业无法达到投资协议中的特定条款，可根据投资协议要求被投资企业股东(　　)股权，从而实现退出。

A. 转让　　　　　　　　　　　　　B. 收购

C. 兼并　　　　　　　　　　　　　D. 回购

12. 股权回购的基本运作程序包括(　　)。

A. 分析、协商、执行和变更登记　　B. 发起、分析、执行和变更登记

C. 发起、协商、执行和变更登记　　D. 发起、协商、分析和变更登记

13. 股权回购完毕后，企业股东发生变化，应当及时根据《公司登记管理条例》的相关规定在工商行政管理部门办理(　　)。

A. 协商　　　　　　　　　　　　　B. 发起

C. 分析　　　　　　　　　　　　　D. 变更登记

【参考答案】

1. C　2. A　3. A　4. C　5. B　6. C　7. D　8. C　9. D　10. B
11. D　12. C　13. D

第四节　清算退出

【教材解读】

考点1　清算退出概述

(1) 清算：指企业结束经营活动，处置资产并进行分配行为。

(2) 清算退出：指私募股权投资基金通过被投资企业清算实现退出，是针对投资项目未获成功的一种退出方式。

考点 2　清算退出的流程和方法（表 7—13）

表 7—13　清算退出的流程和方法

项目		内容
清算退出的类型	破产清算	公司因不能清偿到期债务，被依法宣告破产的，由法院依照有关法律规定组织清算组对公司进行清算
	解散清算	是企业股东自主启动清算程序来解散被投资企业
清算退出的流程和方法	清查公司财产、制订清算方案	（1）调查和清理公司财产：在清算组催告债权人申报债权的同时，应调查和清理公司财产。公司资产负债表、财产清单和债权、债务目录等依据债权人申请和调查清理情况编制。 （2）制订清算方案：编制公司财务会计报告之后，清算组制订清算方案，提出收取债权和清偿债务的具体安排。 （3）提交股东大会（股东会）通过或报主管机关确认。 （4）若公司财产不足清偿债务的，清算组有责任向有管辖权人民法院申请宣告破产。经人民法院裁定宣告破产后，清算组将清算事务移交人民法院
	了结公司债权、债务	（1）处理公司未了结业务：公司在清算期间，不得开展新的经营活动。但清算组为达到清算的目的，有权处理公司尚未了结的业务。 （2）收取公司债权：清算组应及时向公司债务人要求清偿已经到期的公司债权。对于未到期公司债权，应要求债务人提前清偿，若债务人不同意提前清偿的，清算组可通过转让债权等方法变相清偿。 （3）清偿公司债务：清算组在通过清理公司财产、编制资产负债表和财产清单之后，确认公司现有财产和债权大于所欠债务，并足以偿还公司全部债务时，应按照法定顺序向债权人清偿债务
	分配公司剩余财产	清偿全部公司债务之后，若公司财产还有剩余，清算组才能将剩余财产分配给包括股权投资基金在内的股东。如果股东之间的分配顺序和份额依法作了约定，就可以按约定分配；如果没有约定，则按股权比例分配

【典型习题】

1. 清算退出是指私募股权投资基金通过被投资企业清算实现退出，主要是针对投资项目未获成功的一种退出方式。下列说法中正确的是（　　）。

A. 清算退出属于股权投资基金的项目退出主要方式之一

B. 清算退出只有一种方式

C. 解散清算是指公司因不能清偿到期债务，被依法宣告破产的，由法院依照有关法律规定组织清算组对公司进行清算

D. 破产清算是指企业股东自主启动清算程序来解散被投资企业

2. 清算退出的流程和方法中，若公司财产不足清偿债务的，清算组有责任向有管

辖权的（　　）申请宣告破产。

A. 人民法院　　　　B. 人民政府

C. 检察院　　　　D. 公安部

【参考答案】

1. A　　2. A

第 8 章　私募股权投资基金的内部管理

【知识结构框架】

- 私募股权投资基金的内部管理
  - 基金投资者关系管理
    - 基金投资者关系管理的意义
    - 基金各阶段与投资者互动的重点
  - 基金权益登记
    - 公司型股权投资基金的增资、退出、权益分配与清算退出
    - 合伙型股权投资基金的增资、退出、权益分配与清算退出
    - 契约型股权投资基金的增资、退出、权益分配与清算退出
  - 基金估值核算
    - 基金估值概述
    - 基金估值的原则
    - 私募股权投资基金的估值方法
    - 基金费用和收益、基金会计核算和基金财务报告
  - 基金清算与收益分配
    - 基金清算的基本含义
    - 基金出现清算的原因
    - 清算的主要程序
    - 基金收益分配的原则
    - 基金收益分配的方式
  - 基金信息披露
    - 基金信息披露义务人和信息披露的内容
    - 基金信息披露的方式
    - 信息披露的禁止性规定
  - 基金的托管
    - 基金托管的作用
    - 基金托管机构的职责
  - 基金的外包服务
    - 基金外包服务的含义和内容
    - 外包服务中基金管理人应依法承担的责任
    - 选择外包服务机构的基本原则
    - 信息技术系统服务的含义和内容
    - 基金外包服务中可能存在的利益冲突

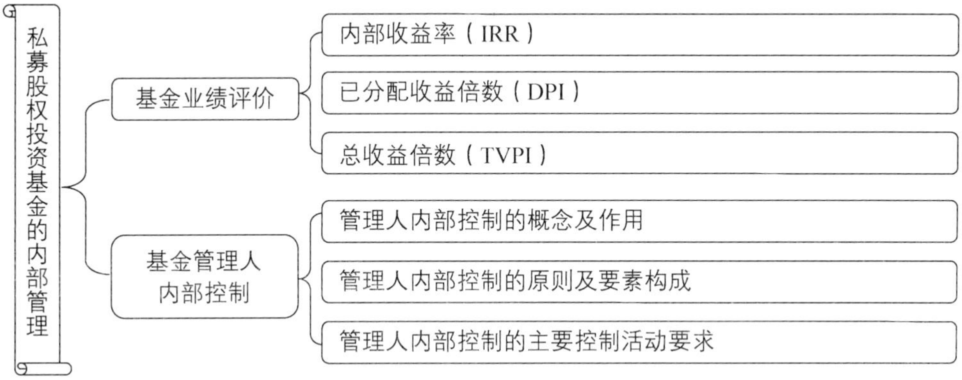

第一节　基金投资者关系管理

【教材解读】

考点 1　基金投资者关系管理的意义（表 8－1）

表 8－1　　**基金投资者关系管理的意义**

项　　目	内　　容
基金投资者关系管理的含义	是指基金管理人通过信息披露与交流，加强与投资者及潜在投资者的沟通，增进投资者对基金管理人及基金了解的管理行为
基金投资者关系管理的意义	（1）利于促进基金管理人与基金投资者之间的良性关系，增进投资者对基金管理人及基金的了解和熟悉。 （2）利于基金管理人建立稳定和优质投资者基础，获得长期市场支持。 （3）能增加基金信息披露透明度，利于实现基金管理人与投资者之间的信息对称

考点 2　基金各阶段与投资者互动的重点（表 8－2）

表 8－2　　**基金各阶段与投资者互动的重点**

阶　　段	互动的重点
私募股权投资基金的募集阶段	（1）该阶段投资者互动的重点是向投资者介绍股权投资基础知识，普及股权投资相关法律常识，介绍股权投资基金管理人基本情况，介绍相应股权投资基金产品的特点及风险收益特征，开展投资者风险教育。 （2）该阶段基金管理人主要通过基金合同、基金招募说明书、风险揭示书、风险调查问卷等材料与投资者进行互动交流
私募股权投资基金的投资及投后管理阶段	（1）该阶段投资者互动的重点是向投资者介绍已投资项目的基本情况，包括项目投资金额、已投项目的公司基本介绍及公司经营管理情况等。 （2）该阶段基金管理人主要通过定期基金报告、投资者交流年会等方式与投资者进行互动交流
私募股权投资基金的退出阶段	该阶段投资者互动的重点是介绍投资项目的退出预期、退出方式、已向投资者返还的投资本金及收益情况等

【典型习题】

1. 基金投资者(　　)是指基金管理人通过信息披露与交流，加强与投资者及潜在投资者的沟通，增进投资者对基金管理人及基金了解的管理行为。

A. 关系管理　　B. 利润管理

C. 成本管理　　D. 核算管理

2. 私募股权投资基金的(　　)阶段，投资者互动的重点是向投资者介绍股权投资基础知识，普及股权投资相关法律常识，介绍股权投资基金管理人基本情况等。

A. 投资　　B. 管理

C. 募集　　D. 退出

3. 私募股权投资基金的募集阶段，基金管理人主要通过(　　)等材料与投资者进行互动交流。

A. 定期基金报告、基金招募说明书、风险揭示书、风险调查问卷

B. 基金合同、定期基金报告、风险揭示书、风险调查问卷

C. 基金合同、基金招募说明书、定期基金报告、风险调查问卷

D. 基金合同、基金招募说明书、风险揭示书、风险调查问卷

4. 私募股权投资基金的投资及投后管理阶段，投资者互动的重点是向投资者介绍已投资项目的基本情况，包括(　　)等。

A. 已向投资者返还的投资本金、已投项目的公司基本介绍及公司经营管理情况

B. 项目投资金额、已投项目的公司基本介绍及公司经营管理情况

C. 项目投资金额、已向投资者返还的投资本金及公司经营管理情况

D. 项目投资金额、已投项目的公司基本介绍及已向投资者返还的投资本金

【参考答案】

1. A　　2. C　　3. D　　4. B

第二节　基金权益登记

【教材解读】

考点 1　公司型股权投资基金的增资、退出、权益分配与清算退出

(1) 公司型股权投资基金涉及权益变动和登记的操作，如增资、退出、权益分配及清算退出等。

(2) 公司型股权投资基金的增资、减资（注册资本及资本公积的调整），需履行公司内部决策程序，包括董事会决议及股东大会（股东会）决议，签订决议文件，再办理权益变更登记（在工商局或对应的监管机构办理工商变更登记手续）。公司型股权投资基金权益变更登记流程应符合工商管理机关的相关规定。

(3) 有限责任公司型股权投资基金投资者不得超过 50 人，有人合性特征，投资者

（股东）可相互转让其持有股权，但是，对外转让需经其他股东过半数同意，且其他股东有优先受让权。股份有限公司型股权投资基金投资者可增加至 200 人，股权转让受到的限制相对较少，但内部治理更加规范、严格。

（4）我国有限责任公司型股权投资基金的投资者通常按其实缴出资比例分红，但所有投资者可在公司章程中作出例外规定。股份有限公司型股权投资基金需按股东实际持有份额比例分红，同种类份额每一份额享有同等分配权。

（5）公司型股权投资基金清算顺序为：公司财产在分别支付清算费用、职工的工资、社会保险费用和法定补偿金，缴纳所欠税款，清偿公司债务后剩余财产，有限责任公司按照股东的出资比例分配，股份有限公司按照股东持有股份比例分配。

（6）当公司型股权投资基金设立时，应向工商管理机关办理注册登记手续，然后向中国证券投资基金业协会备案；当公司型股权投资基金增资、减资，以及终止清算的，应向工商管理机关办理变更登记、注销手续。

考点 2　合伙型股权投资基金的增资、退出、权益分配与清算退出

（1）合伙型股权投资基金的涉及权益变动和登记的操作，如增资（入伙）、退出（退伙）、权益分配及清算退出等。

（2）合伙型股权投资基金的人合性特征较强，新增合伙人需经全体合伙人一致同意（但合伙协议另有约定的除外），并订立入伙协议。合伙型股权投资基金的出资可根据合伙协议约定，在一定时间内实缴。合伙人权益变更需办理工商变更登记手续，其权益以工商登记确认为准。

（3）合伙型股权投资基金投资者在符合法律规定及合伙协议约定的情况下，办理退伙，具体退伙程序以合伙协议约定为准。退伙时对于其合伙份额对应的资产，可以货币形式及实物资产方式分配。

（4）合伙型股权投资基金按照合伙协议办理份额转让手续。除合伙协议另有约定外，普通合伙人份额转让需经其他投资者一致同意。有限合伙人份额转让需提前 30 天通知其他合伙人，其他合伙人在同等条件下对合伙份额转让有优先购买权。

（5）合伙型股权投资基金利润分配、亏损分担，依据合伙协议约定办理；合伙协议未约定或者约定不明确的，由合伙人协商决定；协商不成的，由合伙人依据实缴出资比例分配、分担；出资比例无法确定的，由合伙人平均分配、分担。

（6）合伙型股权投资基金解散，由清算人进行清算。清算期间，合伙型股权投资基金存续，但不得开展与清算无关的经营活动。合伙型股权投资基金财产在支付清算费用和职工工资、社会保险费用、法定补偿金以及缴纳所欠税款、清偿债务后的剩余财产，向合伙人进行分配。

（7）对于合伙型股权投资基金的设立，应向工商管理机关办理注册登记手续，并向中国证券投资基金业协会备案。对于合伙型股权投资基金增资、减资、合伙人变更，以及终止清算的，应向工商管理机关办理变更登记、注销手续。

考点 3　契约型股权投资基金的增资、退出、权益分配与清算退出

（1）契约型股权投资基金涉及权益变动和登记的操作，如增资（申购）、退出（赎回）、权益分配及清算退出等。

（2）对于封闭式运作契约型股权投资基金，在存续期内不能申购和赎回；对于开放式运作契约型股权投资基金，在存续期内可按照基金合同约定开放申购和赎回。其申购、赎回价格由基金管理人计算，若由基金托管人进行托管的，则由基金托管人复核。

（3）契约型股权投资基金投资者可依法转让其持有的基金份额，但基金份额受让人必须是合格投资者，转让后契约型股权投资基金合格投资者不得超过200人。

（4）对于契约型股权投资基金收益分配和风险承担原则，应由基金合同约定。

（5）清算小组由基金管理人组织，并对基金财产进行清算，清算小组由基金管理人、基金托管人以及相关中介服务机构组成。契约型股权投资基金清算分配方案，由基金合同约定。清算小组应编制清算报告，并向基金投资者披露。

（6）基金管理人可自行办理股权投资基金份额登记事项，也可委托基金服务机构代为办理，但基金管理人依法应承担的责任不因委托而免除。基金份额登记机构应确保基金份额的安全、独立。基金份额独立于基金份额登记机构的自有财产。

【典型习题】

1. 下列选项中，（　　）股权投资基金的增资、退出、权益分配及清算退出等操作涉及权益变动和登记。

A. 合伙型　　B. 信托型

C. 公司型　　D. 契约型

2. 股份有限公司型股权投资基金投资者人数可增加至（　　）人，股权转让受到的限制相对较少，但内部治理相对更加规范和严格。

A. 50　　B. 100

C. 150　　D. 200

3. 在我国，股份有限公司型股权投资基金需按（　　）分红，同种类的份额每一份额享有同等的分配权。

A. 股东实际持有的份额比例　　B. 实缴出资比例

C. 公司规定的份额比例　　D. 行业惯例规定比例

4. 公司型股权投资基金增资、减资，以及终止清算的，应向（　　）办理变更登记、注销手续。

A. 公安机关　　B. 检察机关

C. 工商管理机关　　D. 人事部行政管理部门

5. 合伙型股权投资基金具有较强的（　　）特征，新增合伙人需经全体合伙人一致同意（但合伙协议另有约定的除外），并订立入伙协议。

A. 经济性　　B. 资合性

C. 合理性　　D. 人合性

6. 合伙型股权投资基金可按照（　　）办理份额转让手续。

A. 基金合同　　B. 合伙协议

C. 公司章程　　D. 基金招募说明书

7. 合伙型股权投资基金解散，应当由(　　)进行清算。

A. 基金清算人　　　　B. 基金管理人

C. 基金托管人　　　　D. 基金销售机构

8. 合伙型股权投资基金设立，应向工商管理机关办理注册登记手续，并向(　　)备案。

A. 中国银监会　　　　B. 中国证券投资基金业协会

C. 中国证券业协会　　　　D. 中国证监会

9. 下列关于合伙型股权投资基金的利润分配、亏损分担的说法，错误的是(　　)。

A. 按照行业规范的约定办理

B. 合伙协议未约定或者约定不明确的，由合伙人协商决定

C. 协商不成的，由合伙人按照实缴出资比例分配、分担

D. 无法确定出资比例的，由合伙人平均分配、分担

10. 下列选项中，(　　)股权投资基金的增资（申购)、退出（赎回)、权益分配及清算退出等操作涉及权益变动和登记。

A. 合伙型　　　　B. 混合型

C. 公司型　　　　D. 契约型

11. 契约型股权投资基金收益分配和风险承担原则由(　　)约定。

A. 基金合同　　　　B. 合伙协议

C. 公司章程　　　　D. 基金招募说明书

12. 契约型股权投资基金的基金管理人应当组织清算小组对基金财产进行清算，清算小组由(　　)组成。

A. 检察机关、基金托管人以及相关中介服务机构

B. 基金管理人、检察机关以及相关中介服务机构

C. 基金管理人、基金托管人以及检察机关

D. 基金管理人、基金托管人以及相关中介服务机构

13. 下列关于契约型股权投资基金的增资、退出、权益分配与清算退出的描述，正确的是(　　)。

A. 开放式运作的契约型股权投资基金，存续期内不能申购和赎回

B. 封闭式运作的契约型股权投资基金，存续期内可以按照基金合同的约定开放申购和赎回

C. 中国证监会应当确保基金份额的安全、独立，基金份额独立于基金份额登记机构的自有财产

D. 基金管理人可以自行办理股权投资基金的份额登记事项，也可委托基金服务机构代为办理，但基金管理人依法应当承担的责任不因委托而免除

【参考答案】

1. C　2. D　3. A　4. C　5. D　6. B　7. A　8. B　9. A　10. D
11. A　12. D　13. D

第三节　基金估值核算

【教材解读】

考点 1　基金估值概述

（1）基金估值是指通过对基金所拥有全部资产及所有负债按一定原则和方法作评估与计算，进而确定基金资产公允价值的过程。

（2）确定基金份额净值是基金资产估值的主要目的。基金份额净值是衡量基金申购、赎回价格，以及计算投资者申购基金份额、赎回基金金额的基础。基金份额净值通过基金资产净值除以基金总份额获得，而从基金全部资产中扣除基金所有负债就是基金资产净值。用公式表示为：

基金资产净值＝基金资产－基金负债

考点 2　基金估值的原则

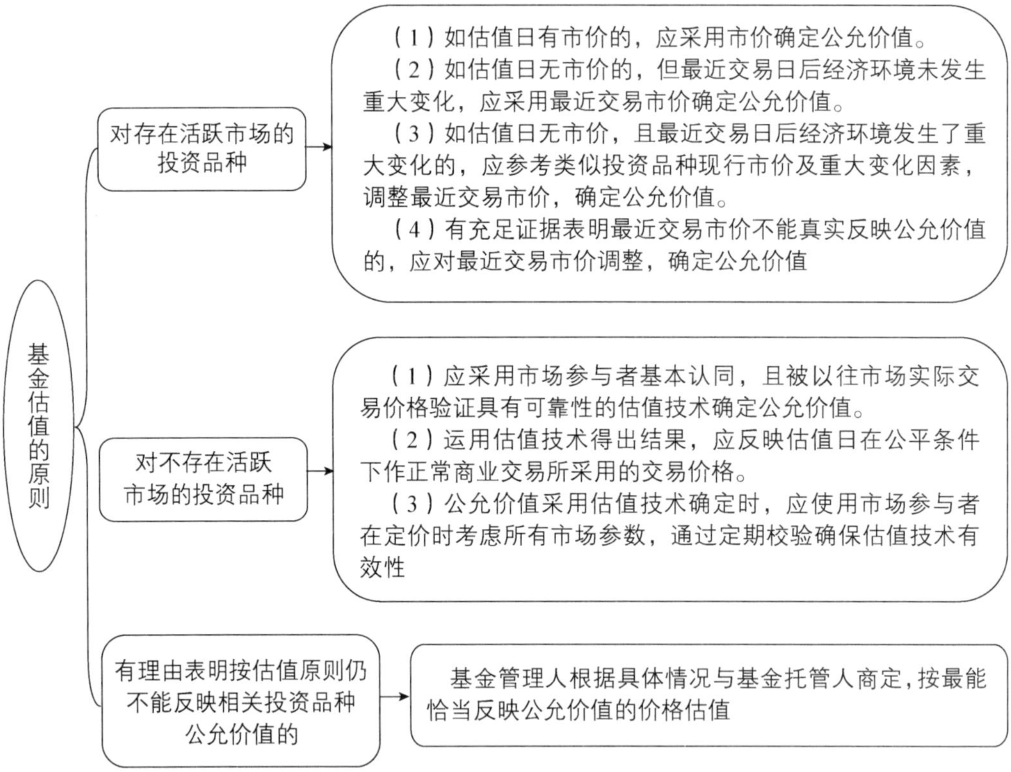

考点 3　私募股权投资基金的估值方法（表 8—3）

表 8—3　私募股权投资基金的估值方法

项　　目	内　　容
私募股权投资基金估值最主要的工作	是在每个估值日评估股权投资基金各项投资的公允价值

续表

项　　目	内　　容
公允价值概念	依据《企业会计准则第 39 号——公允价值计量》，公允价值指市场参与者在计量日发生的有序交易中，出售一项资产所能收到或者转移一项负债所需的支付价格
国内外私募股权投资基金估值最为普遍使用的方法	（1）成本法。 （2）市场法：包括近期投资价格法、乘数法、行业估值基准以及可用市场价格法。 （3）收入法：包括现金流或盈利折现法，又可分为标的企业的现金流或盈利折现和投资的现金流或盈利折现。 （4）重置成本法：主要是指净资产法

考点 4　基金费用和收益、基金会计核算和基金财务报告（表 8—4）

表 8—4　　　　基金费用和收益、基金会计核算和基金财务报告

项　　目	内　　容
私募股权投资基金在运作过程中可能产生的费用	包括但不限于管理费、托管费、第三方服务费用（包括法律、审计等）、筹建费用、基金管理人的业绩报酬等
基金管理费、基金托管费	（1）基金管理费：是基金管理人因投资管理基金资产而向基金收取的费用。 （2）基金托管费：是基金托管人为基金提供托管服务而向基金收取的费用。 （3）管理费与托管费计算：可按照基金实缴规模作为计算基数收取，也可按照合同约定其他方式计算并收取。 （4）分配顺序：对于私募股权投资基金存续期较长的，且私募股权投资基金有先返还投资本金后返还收益分配顺序，故在基金存续期限后半段，提取管理费、托管费随着项目退出逐年递减。 （5）管理费及托管费的提取频率：按照季度提取或者按照年度提取
业绩报酬的计算	（1）该费用是基金管理人在基金获得超额收益后可以获得的投资收益分成，分成比例由基金管理人和基金投资者通过协商确定。 （2）该费用可按照单个投资项目核算，也可按照股权投资基金整体核算
私募股权投资基金会计核算的主要内容	包括：权益核算；利息和溢价核算；费用核算；基金申购与赎回核算；估值核算；利润核算；基金财务会计报告；基金会计核算的复核等方面
私募股权投资基金管理人编制的报告	私募股权投资基金管理人应及时编制并对外提供基金财务会计报告，其内容应真实、完整。财务会计报告分为年度、季度财务会计报告。该报告至少应披露会计报表和会计报表附注的内容。基金财务会计报表包括资产负债表、利润表及净值变动表等报表

【典型习题】

1. 基金资产估值的主要目的是(　　)。

A. 确定基金资产　　B. 确定基金负债

C. 确定基金份额净值　　D. 确定赎回价格

2. 对存在活跃市场的投资品种，估值日无市价，但最近交易日后经济环境未发生重大变化的，应采用(　　)确定公允价值。

A. 市价　　B. 最近交易市价

C. 类似投资品种的现行市价　　D. 市场实际交易价格

3. 对于私募股权投资基金的估值，最主要的工作是(　　)。

A. 在每个估值日评估私募股权投资基金各项投资的公允价值

B. 在估值后 2～3 个工作日评估私募股权投资基金各项投资的公允价值

C. 在估值日后 1～2 个工作日评估私募股权投资基金各项投资的公允价值

D. 在估值后 3～5 个工作日评估私募股权投资基金各项投资的公允价值

4. 由于股权的转让往往面临企业内部约束、优先购买权以及其他市场环境等障碍，加之其交易并没有活跃的市场，股权投资基金的估值本质上往往带有(　　)。

A. 客观性　　B. 经济性

C. 主观性　　D. 合理性

5. 作为私募股权投资基金的估值方法，市场法主要包括(　　)。

A. 盈利折现法、乘数法、行业估值基准以及可用市场价格法

B. 近期投资价格法、乘数法、行业估值基准以及可用市场价格法

C. 近期投资价格法、盈利折现法、行业估值基准以及可用市场价格法

D. 近期投资价格法、乘数法、盈利折现法以及可用市场价格法

6. 对于私募股权投资基金的估值方法，(　　)主要是指净资产法。

A. 收入法　　B. 成本法

C. 市场法　　D. 重置成本法

7. 下列费用中，(　　)是基金管理人在基金获得超额收益后可以获得的投资收益分成，分成比例由基金管理人和基金投资者通过协商确定。

A. 业绩报酬　　B. 托管费

C. 第三方服务费用　　D. 管理费

8. 私募股权投资基金会计核算的主要内容不包括(　　)。

A. 可行性报告复核　　B. 权益核算

C. 利息和溢价核算　　D. 费用核算

【参考答案】

1. C　2. B　3. A　4. C　5. B　6. D　7. A　8. A

第四节　基金清算与收益分配

【教材解读】

考点 1　基金清算的基本含义

基金遇有合同规定或法定事由终止时对基金财产进行清理处理的善后行为是指基金清算。

考点 2　基金出现清算的原因

一般的，私募股权投资基金清算的原因有：

（1）基金存续期届满；

（2）基金份额持有人大会（股东大会或者全体合伙人）决定进行基金清算；

（3）全部投资项目都已经清算退出的；

（4）符合合同约定的清算条款。

考点 3　清算的主要程序

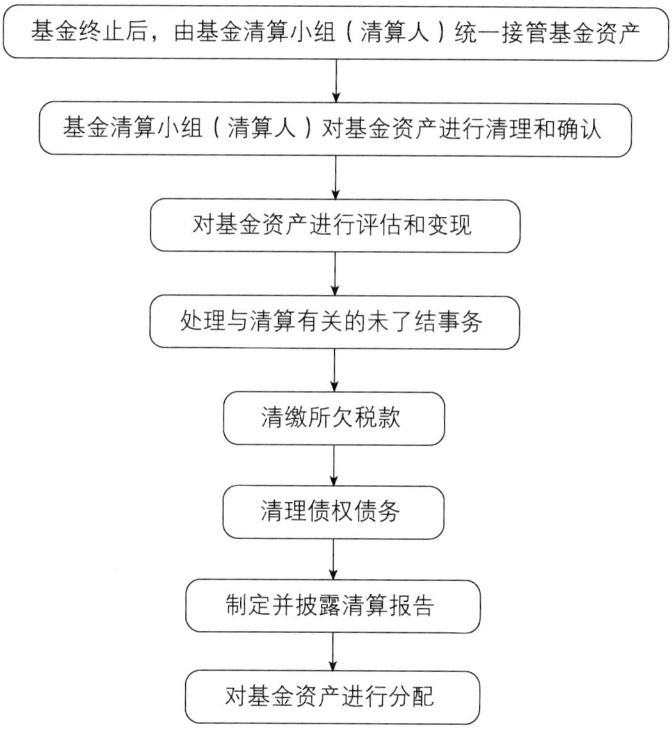

考点 4　基金收益分配的原则

（1）首先向投资者返还投资本金。

（2）其次向投资者支付约定的优先收益。

（3）剩余收益按照约定的比例在管理人和投资者之间进行分配。

考点 5　基金收益分配的方式（表 8—5）

表 8—5　　基金收益分配的方式

项　目	内　容
分配方式类型	基金收益分配的方式根据基金收益分配是否优先满足投资人的出资及一定比例的收益分为两种： （1）按基金分配。 （2）按单一项目分配
基金收益按基金分配	是指投后退出的所有资金首先用于返还全体投资者的出资本金，以及事先约定优先收益后，基金管理人才参与超额收益分配的方式
基金收益按单一项目分配	是指每个投资项目投后退出的每一笔资金都依据一定顺序在基金投资者和管理人之间分配，而不是首先满足基金投资者的全部本金出资和优先收益。 在逐笔分配模式下，每一笔投后退出收入，管理人都参与收益分配
回拨机制	为了保障投资者的利益，基金收益按照单一项目分配模式时，私募股权投资基金通常设置回拨机制。该机制是指在私募股权投资基金清算时，对已经分配的收益进行重新计算，如果投资者实际获得收益比优先收益少时，或收益分配比例不符合基金合同约定的，基金管理人需从已经分得业绩报酬金额中返还一部分至基金资产，并分配至基金投资者

【典型习题】

1. 一般的，私募股权投资基金清算的原因不包括（　　）。

A. 基金存续期届满

B. 基金份额持有人大会（股东大会或者全体合伙人）决定进行基金清算

C. 全部投资项目都已经清算退出的

D. 符合行业规范规定的清算条款

2. 为了实现基金管理人和基金投资者的利益一致性目标，同时为了对基金管理人产生足够的激励作用，下列关于私募股权投资基金一般采用的基金收益分配原则描述，正确的是（　　）。

A. 首先向投资者返还投资本金→其次向投资者支付约定的优先收益→剩余收益按照约定的比例在管理人和投资者之间进行分配

B. 首先向投资者支付约定的优先收益→其次向投资者返还投资本金→剩余收益按照约定的比例在管理人和投资者之间进行分配

C. 首先按照约定的比例在管理人和投资者之间进行分配→其次向投资者支付约定的优先收益→最后向投资者返还投资本金

D. 首先向投资者支付约定的优先收益→其次按照约定的比例在管理人和投资者之间进行分配→最后向投资者返还投资本金

3. 针对按照单一项目分配的模式，为了保障投资者的利益，私募股权投资基金通常设置(　　)。

A. 回拨机制　　　　B. 认证机制

C. 约束机制　　　　D. 控制机制

4. 下列关于私募股权投资基金的收益分配方式的说法，错误的是(　　)。

A. 根据基金收益分配是否优先满足投资人的出资及一定比例的收益的分配方式包括按基金分配及按单一项目分配

B. 按基金分配，是指投后退出的所有资金首先用于返还全体投资者的出资本金，以及事先约定的优先收益后，基金管理人才参与超额收益的分配

C. 按单一项目分配，是指每个投资项目投后退出的每一笔资金都按照一定的顺序在基金投资者和管理人之间分配，而不是首先满足基金投资者的全部本金出资和优先收益

D. 在基金分配的模式下，针对每一笔投后退出收入，管理人都参与收益分配

【参考答案】

1. D　2. A　3. A　4. D

第五节　基金信息披露

【教材解读】

考点 1　基金信息披露义务人和信息披露的内容（表 8—6）

表 8—6　基金信息披露义务人和信息披露的内容

项　目	内　容
信息披露义务人概念	《私募投资基金信息披露管理办法》规定，信息披露义务人指私募基金管理人、私募基金托管人，以及法律、行政法规、中国证监会和中国证券投资基金业协会规定的具有信息披露义务的法人和其他组织
私募股权投资基金的信息披露内容	《私募投资基金信息披露管理办法》规定，信息披露义务人应当向投资者披露的信息包括： (1) 基金合同； (2) 招募说明书等宣传推介文件； (3) 基金销售协议中的主要权利义务条款（如有）； (4) 基金的投资情况； (5) 基金的资产负债情况； (6) 基金的投资收益分配情况； (7) 基金承担的费用和业绩报酬安排； (8) 可能存在的利益冲突；

续表

项目	内容
私募股权投资基金的信息披露内容	(9) 涉及私募基金管理业务、基金财产、基金托管业务的重大诉讼、仲裁； (10) 中国证监会以及中国证券投资基金业协会规定的影响投资者合法权益的其他重大信息

考点2　基金信息披露的方式（表8—7）

表8—7　基金信息披露的方式

项目	内容
基金募集期间的信息披露	基金募集期间，信息披露义务人应当准备推介材料，披露以下信息：基金的基本信息（包括基金名称、基金架构、基金类型等）、基金管理人基本信息、基金的投资信息、基金的募集期限、基金的估值政策、合同的主要条款、申购赎回安排、基金管理人近3年的诚信情况说明
基金运行期间信息披露义务人的披露	运行期间，信息披露义务人应当及时进行日常经营信息的定期信息披露和重大事项的即时披露
定期信息披露	包括季度信息披露和年度信息披露
季度信息披露	在每个季度结束之日起10个工作日以内，向投资者披露基金净值、主要财务指标以及投资组合情况等信息
年度信息披露	(1) 在每个财政年度结束之日起4个月以内，向投资者披露报告期末基金净值和基金份额总额； (2) 基金的财务情况； (3) 基金投资运作情况和运用杠杆情况； (4) 投资者账户信息，包括实缴出资额、未缴出资额以及报告期末所持有基金份额总额等； (5) 投资收益分配和损失承担情况； (6) 基金管理人取得的管理费和业绩报酬，包括计提基准、计提方式和支付方式； (7) 基金合同约定的其他信息
基金运行期间发生重大事项的披露	基金运行期间发生重大事项的，信息披露义务人也应当按照基金合同的约定及时向投资者进行即时披露
信息披露义务人向投资者进行信息披露的事项	向投资者进行信息披露的内容、披露频度、披露方式、披露责任以及信息披露渠道等事项，应当在基金合同中进行约定

考点 3　信息披露的禁止性规定

《私募投资基金信息披露管理办法》规定，信息披露义务人披露基金信息，不得存在以下行为：

（1）公开披露或者变相公开披露；

（2）虚假记载、误导性陈述或者重大遗漏；

（3）对投资业绩进行预测；

（4）违规承诺收益或者承担损失；

（5）诋毁其他基金管理人、基金托管人或者基金销售机构；

（6）登载任何自然人、法人或者其他组织的祝贺性、恭维性或推荐性的文字；

（7）采用不具有可比性、公平性、准确性、权威性的数据来源和方法进行业绩比较，任意使用“业绩最佳”“规模最大”等相关措辞；

（8）法律、行政法规、中国证监会和中国证券投资基金业协会禁止的其他行为。

【典型习题】

1. 下列不属于私募股权投资基金的信息披露义务人的是(　　)。

A. 股权投资基金托管人

B. 股权投资基金管理人

C. 中国银监会规定的具有信息披露义务的法人

D. 中国证券投资基金业协会规定的具有信息披露义务的法人

2. 私募股权投资基金募集期间，信息披露义务人应当准备推介材料，披露的信息不包括(　　)。

A. 基金管理人基本信息

B. 基金的基本信息（包括基金名称、基金架构、基金类型等）

C. 基金的投资信息

D. 基金管理人近 1 年的诚信情况说明

3. 私募股权投资基金运行期间，信息披露义务人及时进行年度信息披露。年度信息披露在每个财政年度结束之日起(　　)个月以内，向投资者披露报告期末基金净值和基金份额总额。

A. 1　　　　B. 2

C. 3　　　　D. 4

4. 私募股权投资基金运行期间发生重大事项的，信息披露义务人应当按照(　　)的约定及时向投资者进行即时披露。

A. 合伙协议　　　　B. 公司章程

C. 基金合同　　　　D. 行业规范

【参考答案】

1. C　　2. D　　3. D　　4. C

第六节 基金的托管

【教材解读】

考点1 基金托管的作用（表8—8）

表8—8 基金托管的作用

项目	内容
基金托管的概念	指由依法设立并取得基金托管资格的商业银行或者其他金融机构担任托管人，按照法律法规的规定及基金合同的约定，对基金履行安全保管财产、办理清算交割、复核审查资产净值、开展投资监督、召集基金份额持有人大会等职责的行为
基金托管的作用	基金管理人在开展资产管理业务时，引入基金托管人是为了引入独立的第三方机构，加强对基金财产运作的监督，以利于保障基金投资者的权益

考点2 基金托管机构的职责

《证券投资基金法》规定，基金托管人应当履行下列职责：

（1）安全保管基金财产；

（2）按照规定开设基金财产的资金账户和证券账户；

（3）对所托管的不同基金财产分别设置账户，确保基金财产的完整与独立；

（4）保存基金托管业务活动的记录、账册、报表和其他相关资料；

（5）按照基金合同的约定，根据基金管理人的投资指令，及时办理清算、交割事宜；

（6）办理与基金托管业务活动有关的信息披露事项；

（7）对基金财务会计报告、中期和年度基金报告出具意见；

（8）复核、审查基金管理人计算的基金资产净值和基金份额申购、赎回价格；

（9）按照规定召集基金份额持有人大会；

（10）按照规定监督基金管理人的投资运作；

（11）国务院证券监督管理机构规定的其他职责。

【典型习题】

1. 私募股权投资基金托管，是指由依法设立并取得基金托管资格的商业银行或者其他金融机构担任托管人，按照法律法规的规定及基金合同的约定，对基金（　　）等职责的行为。

A. 募集资金、办理清算交割、复核审查资产净值、开展投资监督、召集基金份额持有人大会

B. 履行安全保管财产、募集资金、复核审查资产净值、开展投资监督、召集基金份额持有人大会

C. 履行安全保管财产、办理清算交割、募集资金、开展投资监督、召集基金份额持有人大会

D. 履行安全保管财产、办理清算交割、复核审查资产净值、开展投资监督、召集基金份额持有人大会

2. 在基金管理人开展资产管理业务时，引入(　　)是为了引入独立的第三方机构，加强对基金财产运作的监督，以利于更好地保障基金投资者的权益。

A. 基金托管人　　B. 基金管理人

C. 基金管理人　　D. 基金经理

3. 下列关于基金托管人应当履行的职责，描述错误的是(　　)。

A. 安全保管基金财产

B. 按照规定开设基金财产的资金账户和证券账户

C. 对所托管的不同基金财产分别设置账户，确保基金财产的完整与独立

D. 募集资金

【参考答案】

1. D　　2. A　　3. D

第七节　基金的外包服务

【教材解读】

考点 1　基金外包服务的含义和内容（表 8－9）

表 8－9　　基金外包服务的含义和内容

项　目	内　容
含义	基金外包服务指基金业务外包服务机构为基金管理人提供销售、销售支付、份额登记、估值核算、信息技术系统等业务的服务
主要内容	包括销售、销售支付、份额登记、估值核算、信息技术系统等业务的服务

考点 2　外包服务中基金管理人应依法承担的责任（表 8－10）

表 8－10　　外包服务中基金管理人应依法承担的责任

项　目	内　容
基金管理人开展业务外包应制定的制度	基金管理人在开展业务外包时，应制定相应的风险管理框架及制度，根据审慎经营原则制定其业务外包实施规划，确定与其经营水平相适宜的外包活动范围

续表

项　目	内　容
在开展业务外包的各个阶段，基金管理人的关注点	基金管理人应关注外包机构是否存在与外包服务相冲突的业务，以及外包机构是否采取有效的隔离措施
基金管理人的责任	基金管理人委托外包机构提供基金业务外包服务的，基金管理人应依法承担的责任不因外包而免除

考点 3　选择外包服务机构的基本原则（表 8－11）

表 8－11　选择外包服务机构的基本原则

项　目	内　容
基金管理人委托外包机构开展外包活动前的调查	基金管理人委托外包机构开展外包活动前，对外包机构开展尽职调查，了解其相关情况（如人员储备、业务隔离措施、软硬件设施、专业能力、诚信状况、过往业绩等）；并与外包机构签订书面外包服务合同或协议，明确双方的权利义务及违约责任。未经基金管理人同意，外包机构不得将已承诺的基金业务外包服务转包或变相转包
外包机构应具备的能力	应具备开展外包业务的营运能力和风险承受能力，审慎评估外包服务的潜在风险与利益冲突，建立严格的防火墙制度与业务隔离制度，有效执行信息隔离等内部控制制度，切实防范利益输送

考点 4　信息技术系统服务的含义和内容

信息技术系统服务指外包机构为基金管理人、基金托管人和其他基金业务外包服务机构提供基金业务核心应用系统、信息系统运营维护、信息系统安全保障和第三方电子商务平台等服务。

考点 5　基金外包服务中可能存在的利益冲突

（1）外包服务所涉及的基金资产和客户资产独立于外包机构自有财产。外包机构破产或者清算时，外包服务所涉及的基金资产和客户资产不属于其破产财产或清算财产。

（2）外包机构在开展外包业务的同时，提供托管服务的，应设立专门的团队与业务系统，外包业务与基金托管业务团队之间建立业务隔离，有效防范潜在利益冲突。

【典型习题】

1. 基金外包服务是指基金业务外包服务机构为（　　）提供销售、销售支付、份额登记、估值核算、信息技术系统等业务的服务。

A. 基金投资人　　　　B. 基金管理人

C. 基金经理　　　　D. 基金托管人

2. 基金管理人开展业务外包应制定相应的风险管理框架及制度，并根据（　　）制定其业务外包实施规划，确定与其经营水平相适宜的外包活动范围。

A. 公开原则　　　　B. 公正原则

C. 审慎经营原则　　　　D. 公平原则

3. 在开展业务外包的各个阶段，(　　)应关注外包机构是否存在与外包服务相冲突的业务，以及外包机构是否采取有效的隔离措施。

A. 基金投资人　　　　B. 基金管理人

C. 基金经理　　　　D. 基金托管人

4. 基金管理人委托外包机构开展外包活动前，应对外包机构开展(　　)，了解其人员情况；并与外包机构签订书面外包服务合同或协议，明确双方的权利义务及违约责任。

A. 项目立项　　　　B. 投资决策

C. 尽职调查　　　　D. 项目初审

5. 外包机构应具备开展外包业务的营运能力和风险承受能力，审慎评估外包服务的潜在风险与利益冲突，建立严格的(　　)。

A. 回购制度与业务隔离制度　　　　B. 防火墙制度与回购制度

C. 约束制度与回购制度　　　　D. 防火墙制度与业务隔离制度

6. 下列关于基金外包服务中可能存在的利益冲突，说法正确的是(　　)。

A. 外包机构应具备开展外包业务的营运能力和风险承受能力，审慎评估外包服务的潜在风险与利益冲突，建立严格的回购制度与业务隔离制度，有效执行信息隔离等内部控制制度，切实防范利益输送

B. 外包服务所涉及的基金资产和客户资产不应独立于外包机构的自有财产

C. 外包机构破产或者清算时，外包服务所涉及的基金资产和客户资产属于其破产财产或清算财产

D. 外包机构在开展外包业务的同时，提供托管服务的，应设立专门的团队与业务系统，外包业务与基金托管业务团队之间建立必要的业务隔离，有效防范潜在的利益冲突

【参考答案】

1. B　2. C　3. B　4. C　5. D　6. D

第八节　基金业绩评价

【教材解读】

考点 1　内部收益率（*IRR*）（表 8－12）

表 8－12　内部收益率（*IRR*）

项　目	内　容
概念	内部收益率指截至某一特定时点，基金资金流入现值加上资产净值现值总额与资金流出现值总额相等，即净现值（*NPV*）等于零时的折现率，体现了投资资金的时间价值。

续表

项　　目	内　　容
概念	该指标的计算，是在基金处于退出期后，根据截至某一确定时点基金在存续期内每年的投资经营现金流（不含投资人的出资及分配），以及该时点的资产净值（NAV），算回期初净现值等于零时相应的折现率
计算公式	$$NPV = C_0 + \frac{C_1}{1+r} + \frac{C_2}{(1+r)^2} + \cdots + \frac{C_n}{(1+r)^n} + \frac{NAV}{(1+r)^n} = \sum_{t=0}^{n} \frac{C_r}{(1+r)^i} + \frac{NAV}{(1+r)^n}$$ 其中：C_0，C_1，C_2，…，C_n——每年现金流，既包含正现金流，也包含负现金流；r——折现率。 当且仅当净现值为 0 时，r 才是该基金在第 n 年时的内部收益率
类型	因计算口径不同，基金的内部收益率又分为毛内部收益率（GIRR）和净内部收益率（NIRR）。 毛内部收益率仅计算基金项目投资组合的内部收益率，净内部收益率包含基金各项费用支出及项目投资组合的内部收益率。 因基金费用一般为负现金流，故 GIRR＞NIRR

考点 2　已分配收益倍数（*DPI*）（表 8－13）

表 8－13　　已分配收益倍数（*DPI*）

项　　目	内　　容
概念	已分配收益倍数是指截至某一特定时点，投资人已从基金获得的分配金额总和与投资人已向基金缴款金额总和的比率，体现投资人现金的回收情况
计算公式	$$DPI = \frac{D_0 + D_1 + D_2 + \cdots + D_n}{PI_0 + PI_1 + PI_2 + \cdots + PI_n} = \frac{\sum_{t=0}^{n} D_t}{\sum_{t=0}^{n} PI_t}$$ 其中：D_0，D_1，D_2，…，D_n——投资人历年从基金获得的分配额； PI_0，PI_1，PI_2，…，PI_n——投资人历年向基金支付的实缴出资额

考点 3　总收益倍数（*TVPI*）（表 8－14）

表 8－14　　总收益倍数（*TVPI*）

项　　目	内　　容
概念	总收益倍数是指截至某一特定时点，投资人已从基金获得的分配金额加上资产净值（NAV）与投资人已向基金缴款金额总和的比率，体现了投资人的账面回报水平

续表

项　　目	内　　容
计算公式	$TVPI=\frac{D_0+D_1+D_2+\cdots+D_n+NAV}{PI_0+PI_1+PI_2+\cdots+PI_n}=\frac{\sum_{t=0}^{n}D_t+NAV}{\sum_{t=0}^{n}PI_t}=DPI+\frac{NAV}{\sum_{t=0}^{n}PI_t}$ 其中：D_0，D_1，D_2，…，D_n——投资人历年从基金获得的分配额； PI_0，PI_1，PI_2，…，PI_n——投资人历年向基金支付的实缴出资额

【典型习题】

1. 对于股权投资基金的业绩评价往往在基金处于退出期后进行，一般会通过计算(　　)等主要指标，与同一年份内市场中同类型基金整体指标情况进行综合比较，以此来确定该基金在当时时点的业绩表现水平。

A. 内部收益率、已分配收益倍数和内部周转率

B. 内部收益率、内部周转率和总收益倍数

C. 内部周转率、已分配收益倍数和总收益倍数

D. 内部收益率、已分配收益倍数和总收益倍数

2. 下列选项中，(　　)是指截至某一特定时点，基金资金流入现值加上资产净值现值总额与资金流出现值总额相等。

A. 内部收益率　　　　B. 已分配收益倍数

C. 总收益倍数　　　　D. 内部周转率

3. 下列关于内部收益率的说法，错误的是(　　)。

A. 净内部收益率仅计算基金项目投资组合的内部收益率

B. 计算公式为：$NPV=C_0+\frac{C_1}{1+r}+\frac{C_2}{(1+r)^2}+\cdots+\frac{C_n}{(1+r)^n}+\frac{NAV}{(1+r)^n}$

$$=\sum_{t=0}^{n}\frac{C_r}{(1+r)^i}+\frac{NAV}{(1+r)^n}$$

C. 由于计算口径的不同，基金的内部收益率又分为毛内部收益率（GIRR）和净内部收益率（NIRR）

D. 由于基金费用一般为负现金流，因此毛内部收益率（GIRR）>净内部收益率（NIRR）

4. 下列关于已分配收益倍数（DPI）的说法，错误的是(　　)。

A. 计算公式：$DPI=\frac{D_0+D_1+D_2+\cdots D_n+\cdots+D_n}{PI_0+PI_1+PI_2+\cdots+PI_n}=\frac{\sum_{t=0}^{n}D_t}{\sum_{t=0}^{n}PI_t}$

B. 已分配收益倍数（DPI），是指截至某一特定时点，投资人已从基金获得的分配金额总和与投资人已向基金缴款金额总和的比率，体现了投资人现金的回收情况

C. 已分配收益倍数（DPI），是指截至某一特定时点，投资人已从基金获得的分配金额加上资产净值（NAV）与投资人已向基金缴款金额总和的比率，体现了投资人的账面回报水平

D. D_0，D_1，D_2，…，D_n表示已分配收益倍数（DPI）计算公式中的投资人历年从基金获得的分配额

5. 总收益倍数（$TVPI$）=（　　）。

A. $\dfrac{D_0+D_1+D_2+\cdots+D_n+NAV}{PI_0+PI_1+PI_2+\cdots+PI_n}=\dfrac{\sum_{t=0}^{n}D_t+NAV}{\sum_{t=0}^{n}PI_t}$

B. $\dfrac{D_0+D_1+D_2+\cdots+D_n}{PI_0+PI_1+PI_2+\cdots+PI_n}=\dfrac{\sum_{t=0}^{n}D_t}{\sum_{t=0}^{n}PI_t}$

C. $\sum_{t=0}^{n}\dfrac{C_t}{(1+r)^t}+\dfrac{NAV}{(1+r)^n}$

D. $\sum_{t=1}^{n}\dfrac{CF_t}{(1+i)^t}+\dfrac{TV}{(1+i)^n}$

【参考答案】

1. D　　2. A　　3. A　　4. C　　5. A

第九节　基金管理人内部控制

【教材解读】

考点 1　管理人内部控制的概念

私募股权投资基金管理人为防范和化解风险，保证各项业务的合法合规运作，实现经营目标，在充分考虑内外部环境的基础上，对经营过程中的风险进行识别、评价和管理的制度安排、组织体系和控制措施，被称为私募股权投资基金管理人内部控制。

考点 2　管理人内部控制的作用

（1）保证管理人经营运作严格遵守国家有关法律法规和行业监管规则，从而形成守法经营、规范运作的经营思想和经营理念。

（2）防范和化解经营风险，提高经营管理效益，确保经营业务稳健运行和受托资产安全完整，以实现公司的持续、稳定、健康发展。

（3）保障私募股权投资基金财产安全、完整。

（4）确保基金和基金管理人财务和其他信息真实、准确、完整、及时。

考点 3　管理人内部控制的原则（表 8－15）

表 8－15　　管理人内部控制的原则

原　　则	内　　容
全面性原则	内部控制应包括各项业务、各个部门和各级人员，并涵盖主要环节（如资金募集、投资研究、投资运作、运营保障和信息披露等）
相互制约原则	组织结构权责分明、相互制约
执行有效原则	通过科学内控手段和方法，建立合理内控程序，维护内控制度有效执行
独立性原则	各部门和岗位职责保持相对独立，基金财产、管理人固有财产、其他财产运作分离
成本效益原则	以合理的成本控制达到最佳内部控制效果，内部控制与私募股权投资基金管理人的管理规模和员工人数等方面相匹配，契合自身实际情况
适时性原则	私募股权投资基金管理人定期评价内部控制的有效性，随有关法律法规调整和经营战略、方针、理念等内外部环境的变化同步适时修改或完善

考点 4　管理人内部控制的要素构成（表 8－16）

表 8－16　　管理人内部控制的要素构成

要　　素	主要内容
内部环境	是实施内部控制的基础，其内容包括经营理念和内控文化、治理结构、组织结构、人力资源政策和员工道德素质等
风险评估	及时识别、系统分析经营活动中与内部控制目标相关的风险，合理确定风险应对策略
控制活动	依据风险评估结果，采取控制措施，并把风险控制在可承受范围之内
信息与沟通	及时、准确地收集、传递与内部控制有关的信息，并确保信息在内部、企业与外部之间进行有效沟通
内部监督	在内部控制建设与实施情况作周期性监督检查，评价内部控制有效性，发现内部控制缺陷或因业务变化导致内控需求有变化的，应当及时加以改进、更新

考点 5　管理人内部控制的主要控制活动要求

《私募投资基金管理人内部控制指引》规定，管理人内部控制的主要控制活动要求有：

（1）私募基金管理人应当建立科学严谨的业务操作流程，利用部门分设、岗位分设、外包、托管等方式实现业务流程的控制。

（2）授权控制应当贯穿于私募基金管理人资金募集、投资研究、投资运作、运营保障和信息披露等主要环节的始终。私募基金管理人应当建立健全授权标准和程序，确保授权制度的贯彻执行。

（3）私募基金管理人自行募集私募基金的，应设置有效机制，切实保障募集结算资金安全；私募基金管理人应当建立合格投资者适当性制度。

（4）私募基金管理人委托募集的，应当委托获得中国证监会基金销售业务资格且成为中国证券投资基金业协会会员的机构募集私募基金，并制定募集机构遴选制度，切实保障募集结算资金安全；确保私募基金向合格投资者募集以及不变相进行公募。

（5）私募基金管理人应当建立完善的财产分离制度。私募基金财产与私募基金管理人固有财产之间、不同私募基金财产之间、私募基金财产与其他财产之间要实行独立运作，分别核算。

（6）私募基金管理人应建立健全相关机制，防范管理的各私募基金之间的利益输送和利益冲突，公平对待管理的各私募基金，保护投资者利益。

（7）私募基金管理人应当建立健全投资业务控制，保证投资决策严格按照法律法规规定，符合基金合同所规定的投资目标、投资范围、投资策略、投资组合和投资限制等要求。

（8）除基金合同另有约定外，私募基金应当由基金托管人托管，私募基金管理人应建立健全私募基金托管人遴选制度，切实保障资金安全。基金合同约定私募基金不进行托管的，私募基金管理人应建立保障私募基金财产安全的制度措施和纠纷解决机制。

（9）私募基金管理人开展业务外包应制定相应的风险管理框架及制度。私募基金管理人根据审慎经营原则制定其业务外包实施规划，确定与其经营水平相适宜的外包活动范围。

（10）私募基金管理人应建立健全外包业务控制，并至少每年开展一次全面的外包业务风险评估。在开展业务外包的各个阶段，关注外包机构是否存在与外包服务相冲突的业务，以及外包机构是否采取有效的隔离措施。

（11）私募基金管理人自行承担信息技术和会计核算等职能的，应建立相应的信息系统和会计系统，保证信息技术和会计核算等的顺利运行。

【典型习题】

1. 下列关于私募股权投资基金的基金管理人内部控制的作用的说法，错误的是(　　)。

A. 保证管理人经营运作严格遵守国家有关法律法规和行业监管规则，自觉形成守法经营、规范运作的经营思想和经营理念

B. 防范和化解经营风险，提高经营管理效益，确保经营业务的稳健运行和受托资产的安全完整，实现公司的持续、稳定、健康发展

C. 保障私募股权投资基金财产的安全、完整

D. 确保基金和基金托管人的财务和其他信息真实、准确、完整、及时

2. 基金管理人内部控制的(　　)原则要求组织结构应当权责分明、相互制约。

A. 全面性　　　　B. 相互制约

C. 执行有效　　　　D. 独立性

3. 私募股权投资基金管理人应当定期评价内部控制的有效性，并随着有关法律法

规的调整和经营战略、方针、理念等内外部环境的变化同步(　　)修改或完善。

A. 相互制约　　B. 适时

C. 独立　　D. 全面

4. 私募股权投资基金管理人内部控制的要素中，(　　)包括经营理念和内控文化、治理结构、组织结构、人力资源政策和员工道德素质等。

A. 内部环境　　B. 风险评估

C. 控制活动　　D. 信息与沟通

5. 私募股权投资(　　)应当建立科学严谨的业务操作流程，利用部门分设、岗位分设、外包、托管等方式实现业务流程的控制。

A. 基金投资人　　B. 基金管理人

C. 基金经理　　D. 基金托管人

6. 私募股权投资基金管理人自行募集私募股权投资基金的，应设置有效机制，切实保障募集结算资金安全；私募股权投资基金管理人应当建立合格投资者(　　)。

A. 全面性制度　　B. 成本效益制度

C. 相互制约制度　　D. 适当性制度

7. 除基金合同另有约定外，私募股权投资基金应当由基金托管人托管，私募股权投资基金管理人应建立健全私募股权投资基金托管人(　　)，切实保障资金安全。

A. 遴选制度　　B. 适当性制度

C. 成本效益制度　　D. 全面性制度

8. 私募股权投资基金管理人委托募集的，应当委托获得中国证监会基金销售业务资格且成为(　　)会员的机构募集私募股权投资基金，并制定募集机构遴选制度，切实保障募集结算资金安全。

A. 中国银监会　　B. 中国证监会

C. 中国证券投资基金业协会　　D. 中国证券业协会

9. 下列关于私募股权投资基金管理人内部控制的主要控制活动要求的说法，正确的是(　　)。

A. 私募股权投资基金管理人应当建立健全授权标准和程序，确保授权制度的贯彻执行

B. 私募股权投资基金管理人应当建立完善的财产核算制度，私募股权投资基金财产与私募股权投资基金管理人固有财产之间、不同私募股权投资基金财产之间、私募股权投资基金财产与其他财产之间要实行独立运作，统一核算

C. 私募股权投资基金管理人应建立风险对抗机制，防范管理的各私募股权投资基金之间的利益输送和利益冲突，公平对待管理的各私募股权投资基金，保护投资者利益

D. 私募股权投资基金管理人根据公证原则制定其业务外包实施规划，确定与其经营水平相适宜的外包活动范围

【参考答案】

1. D　2. B　3. B　4. A　5. B　6. D　7. A　8. C　9. A

第 9 章　行政监管

【知识结构框架】

- 行政监管
  - 行政监管概述
    - 行政监管的法律依据
    - 私募股权投资基金的监管框架
  - 行政监管的主要内容、形式与手段
    - 适度监管原则
    - 合格投资者要求
    - 单只基金的投资者人数限制
    - 基金份额转让对受让人的基本要求
    - 私募股权投资基金宣传推介的方式
    - 不得向投资者承诺本金不受损失或者承诺最低收益
    - 不得非法汇集他人资金投资私募投资基金
    - 专业化管理原则
    - 禁止性行为
    - 对创业投资基金的差异化监管
    - 违反监管的法律责任
  - 其他相关法规制度
    - 公司股东的责任承担方式
    - 公司增减资的条件和程序
    - 有限公司股权和股份公司股份的转让规则
    - 公司的利润分配和清算规则
    - 公司的税收制度
    - 有限合伙企业各类合伙人的责任承担方式
    - 不得成为普通合伙人的主体
    - 合伙企业的税收制度
    - 有限合伙企业合伙事务的执行方式
    - 有限合伙企业的利润分配、份额转让规则
    - 私募股权投资基金合规运营与非法集资的界限

第一节　行政监管概述

【教材解读】

考点 1　行政监管的法律依据

（1）我国股权投资基金的监管机构是中国证监会。

（2）新修订的《证券投资基金法》于 2013 年 6 月 1 日施行，并授权中国证监会进行细化监管。

（3）中央编制办公室于 2013 年 6 月 27 日印发《关于私募股权基金管理职责分工的通知》，明确私募股权投资基金的监督管理由中国证监会负责，实行适度监管，保护投资者权益。

考点 2　私募股权投资基金的监管框架

中国证监会及其派出组织根据《证券投资基金法》《私募投资基金监督管理暂行办法》和中国证监会的其他有关规定，对私募股权投资基金业务活动实施监督管理。

【典型习题】

我国股权投资基金的监管机构是（　　）。

A. 中国银监会　　B. 中国证监会

C. 中国证券投资基金业协会　　D. 中国证券业协会

【参考答案】B

第二节　行政监管的主要内容、形式与手段

【教材解读】

考点 1　适度监管原则（表 9—1）

表 9—1　适度监管原则

项　　目	内　　容
股权投资基金实行监管原则	实行适度监管原则
市场准入环节监管	对基金管理人和基金不再进行前置审批，而是基于中国证券投资基金业协会的登记备案信息，进行事后行业信息统计、风险监测和必要的检查
基金托管环节监管	除基金合同另有约定外，应当由基金托管人托管
信息披露环节监管	对需向投资者进行的定期披露和重大事项的即时披露作了规定，其他事项由相关当事人在基金合同、公司章程或者合伙协议中自行约定

续表

项　　目	内　　容
行业自律环节监管	充分发挥基金行业协会作用，进行统计监测和纠纷调解等，并通过制定行业自律规则实现会员的自我管理

考点2　合格投资者要求（表9—2）

表9—2　　合格投资者要求

项　　目	内　　容
基金募集	私募股权投资基金应向合格投资者募集。基金管理人、基金销售机构应该对投资者的风险识别能力和风险承担能力作评估，由投资者书面承诺符合合格投资者条件
私募股权投资基金的合格投资者	是指具备相应风险识别能力和风险承担能力，投资于单只私募股权投资基金的金额不低于100万元且符合下列相关标准的单位和个人： （1）净资产不低于1000万元的单位； （2）金融资产不低于300万元或者最近3年个人年均收入不低于50万元的个人。 金融资产主要包括银行存款、股票、债券、基金份额、资产管理计划、银行理财产品、信托计划、保险产品、期货权益等
视为合格投资者的情形	（1）养老基金（如社会保障基金、企业年金等）和社会公益基金（如慈善基金等）。 （2）依法设立并在中国证券投资基金业协会备案的投资计划。 （3）投资于所管理私募股权投资基金的私募股权投资基金管理人及其从业人员。 （4）中国证监会规定的其他投资者
穿透核查的基本要求	以合伙企业、契约等非法人形式，通过汇集多数投资者的资金直接或间接投资于股权投资基金的，私募股权投资基金管理人或者私募股权投资基金销售机构应当穿透核查最终投资者是否为合格投资者，并合并计算投资者人数。但是，符合视为合格投资者的情形中第（1）、第（2）、第（4）项规定的投资者投资私募股权投资基金的，不再穿透核查最终投资者是否为合格投资者和合并计算投资者人数

考点3　单只基金的投资者人数限制（表9—3）

表9—3　　单只基金的投资者人数限制

项　　目	内　　容
单只私募股权投资基金投资者人数	投资者人数累计不得超过《证券投资基金法》《公司法》《合伙企业法》等法律规定的特定数量

续表

项　　目	内　　容
契约型私募股权投资基金投资者人数	根据《证券投资基金法》的规定，投资者人数不得超过 200 人
公司型私募股权投资基金投资者人数	根据《公司法》的规定，采取有限责任公司形式的私募股权投资基金，投资者人数不得超过 50 人；采取股份有限公司形式的私募股权投资基金，投资者人数不得超过 200 人
合伙型股权投资基金投资者人数	根据《合伙企业法》的规定，投资者人数不得超过 50 人（含普通合伙人）

考点 4　基金份额转让对受让人的基本要求

投资者转让基金份额的受让人应为合格投资者，且基金份额受让后投资者人数应符合对单只基金的投资者人数的限制规定。

考点 5　私募股权投资基金宣传推介的方式

（1）目前，我国的私募股权投资基金采取非公开方式募集，基金管理人、基金销售机构不得采取公众传播媒体（如报刊、电台、电视、互联网等）或者讲座、报告会、分析会和布告、传单、手机短信、微信、博客和电子邮件等方式，向不特定对象宣传推介。

（2）不得采取讲座、报告会等方式向不特定对象宣传推介的要求，是为限制采取上述方式向“不特定对象”宣传推介，以切实防范变相公募。但不禁止通过讲座、报告会、分析会、手机短信、微信、电子邮件等能够有效控制宣传推介对象和数量的方式，向事先已了解其风险识别能力和承担能力的“特定对象”宣传推介。

考点 6　不得向投资者承诺本金不受损失或者承诺最低收益

私募股权投资基金管理人、私募股权投资基金销售机构不得向投资者承诺投资本金不受损失或者承诺最低收益。

考点 7　不得非法汇集他人资金投资私募投资基金

对于投资资金的来源，投资者应确保合法，不得非法汇集他人资金投资私募股权投资基金。

对于合格投资者标准，任何机构和个人不得为规避它，募集以私募股权投资基金份额或其收益权为投资标的的金融产品。

考点 8　专业化管理原则

（1）当同一基金管理人管理不同类别基金的，应坚持的管理原则是专业化管理。

（2）管理可能导致利益输送或利益冲突的不同基金的，应建立防范利益输送和利益冲突的机制。

（3）私募股权投资基金管理人不得兼营可能与投资基金业务存在冲突的业务，不得兼营与“投资管理”的买方业务存在冲突的业务，尽量避免兼营其他非金融业务。

考点 9　禁止性行为

根据《私募投资基金监督管理暂行办法》的规定，私募股权投资基金管理人、托管人、销售机构及其他服务机构及其从业人员从事股权投资基金业务，不得有以下行为：

（1）将其固有财产或者他人财产混同于基金财产从事投资活动。

（2）不公平地对待其管理的不同基金财产。

（3）利用基金财产或者职务之便，为本人或者投资者以外的人牟取利益，进行利益输送。

（4）侵占、挪用基金财产。

（5）泄露因职务便利获取的未公开信息，利用该信息从事或者明示、暗示他人从事相关的交易活动。

（6）从事损害基金财产和投资者利益的投资活动。

（7）玩忽职守，不按照规定履行职责。

（8）从事内幕交易、操纵交易价格及其他不正当交易活动。

（9）法律、行政法规和中国证监会规定禁止的其他行为。

考点 10　对创业投资基金的差异化监管

根据《私募投资基金监督管理暂行办法》的规定：

鼓励和引导创业投资基金投资创业早期的小微企业。国家对符合条件的创业投资基金给予财政税收扶持。享受国家财政税收扶持政策的创业投资基金，其投资范围应当符合国家相关规定。

中国证券投资基金业协会在基金管理人登记、基金备案、投资情况报告要求和会员管理等环节，对创业投资基金采取区别于其他私募基金的差异化行业自律，并提供差异化会员服务。

中国证监会及其派出机构对创业投资基金在投资方向检查等环节，采取区别于其他私募基金的差异化监督管理；在账户开立、发行交易和投资退出等方面，为创业投资基金提供便利服务。

考点 11　违反监管的法律责任

私募股权投资基金管理人、托管人、销售机构及其他服务机构及其从业人员违反法律、行政法规及部门规章规定，中国证监会及其派出机构可以对其采取行政处罚、行政监管、市场禁入等措施；构成犯罪的，依法移交司法机关追究刑事责任。

【典型习题】

1. 私募股权投资基金实行（　　）原则。

A. 适度监管　　　　B. 合理监管

C. 经济监管　　　　D. 安全监管

2. 下列关于合格投资者要求的说法，正确的是（　　）。

A. 具备相应的风险识别能力和风险控制能力

B. 投资于单只私募基金的金额不低于 80 万元人民币

C. 机构投资者的净资产不低于 800 万元人民币

D. 金融资产不低于 300 万元或者最近 3 年个人年均收入不低于 50 万元的个人

3. 私募股权投资基金投资者转让基金份额的，受让人应当为(　　)且基金份额受让后投资者人数应当符合对单只基金的投资者人数的限制规定。

A. 合格投资者　　B. 管理人

C. 托管人　　D. 证监会

4. 下列关于股权投资基金行政监管的主要内容、形式与手段的说法，正确的是(　　)。

A. 私募股权投资基金应当向大众投资者募集

B. 私募股权投资基金管理人、股权投资基金销售机构可以向投资者承诺投资本金不受损失或者承诺最低收益

C. 股权投资基金管理人可以兼营可能与投资基金业务存在冲突的业务

D. 任何机构和个人不得为规避合格投资者标准，募集以私募股权投资基金份额或其收益权为投资标的的金融产品

5. 根据《私募投资基金监督管理暂行办法》的规定，股权投资基金管理人、托管人、销售机构及其他服务机构及其从业人员从事股权投资基金业务，不得存在的行为是(　　)。

A. 公平地对待其管理的不同基金财产

B. 按照规定履行职责

C. 侵占、挪用基金财产

D. 从事不损害基金财产和投资者利益的投资活动

6.《私募投资基金监督管理暂行办法》规定，(　　)在基金管理人登记、基金备案、投资情况报告要求和会员管理等环节，对创业投资基金采取区别于其他私募基金的差异化行业自律，并提供差异化会员服务。

A. 中国银监会　　B. 中国证券投资基金业协会

C. 中国证监会　　D. 中国证券业协会

7.《私募投资基金监督管理暂行办法》规定，(　　)及其派出机构对创业投资基金在投资方向检查等环节，采取区别于其他私募基金的差异化监督管理；在账户开立、发行交易和投资退出等方面，为创业投资基金提供便利服务。

A. 中国银监会　　B. 中国证券投资基金业协会

C. 中国证监会　　D. 中国证券业协会

【参考答案】

1. A　2. D　3. A　4. D　5. C　6. B　7. C

第三节 其他相关法规制度

【教材解读】

考点1 公司股东的责任承担方式（表9—4）

表9—4 公司股东的责任承担方式

项目	内容
公司责任	公司是企业法人，有独立法人财产，享有法人财产权。公司以其全部财产对公司的债务承担责任
股东责任	有限责任公司，股东以其认缴的出资额为限对公司承担责任。 股份有限公司，股东以其认购的股份为限对公司承担责任
公司股东权利	依法享有资产收益、参与重大决策和选择管理者等权利

考点2 公司增减资的条件和程序

（1）公司注册资本需减少时，资产负债表及财产清单必须编制。公司应自作出减少注册资本决议之日起10日内通知债权人，并在30日内于报纸上公告。债权人自接到通知书之日起30日内，未接到通知书的自公告之日起45日内，有权要求公司清偿债务或者提供担保。

（2）股东有权在有限责任公司新增资本时优先按照实缴出资比例认缴出资，但全体股东约定不依据出资比例优先认缴出资的除外。股份有限公司为增加注册资本发行新股时，股东认购新股，依照《公司法》设立股份有限公司缴纳股款的有关规定执行。

（3）有限责任公司增加或减少注册资本的，由股东会决议，必须经代表2/3以上表决权的股东通过。股东会会议由股东依据出资比例行使表决权，但公司章程另有规定的除外。股东书面一致表示同意的，股东会会议可不召开，直接作出决定，并由全体股东在决定文件上签名、盖章。

（4）股份有限公司增加或减少注册资本的，由股东大会决议，必须经出席会议的股东所持表决权的2/3以上通过。股东出席股东大会会议，所持每一股份有一表决权。但股份有限公司持有的本公司股份没有表决权。

考点3 有限公司股权和股份公司股份的转让规则（表9—5）

表9—5 有限公司股权和股份公司股份的转让规则

项目	内容
有限责任公司股权的转让规则	依据《公司法》的规定，有限责任公司的股东之间可以相互转让其全部或者部分股权。股东向股东以外的人转让股权，应当经其他股东过半数同意。股东应就其股权转让事项书面通知其他股东征求同意，其他股东自接到书面通知之日起满30日未答复的，视为同意转让。其他股东半数以上不

续表

项　　目	内　　容
有限责任公司股权的转让规则	同意转让的，不同意的股东应当购买该转让的股权；不购买的，视为同意转让。经股东同意转让的股权，在同等条件下，其他股东有优先购买权。两个以上股东主张行使优先购买权的，协商确定各自的购买比例；协商不成的，按照转让时各自的出资比例行使优先购买权。公司章程对股权转让另有规定的，从其规定。 有下列情形之一的，对股东会该项决议投反对票的股东可以请求公司按照合理的价格收购其股权： （1）公司连续 5 年不向股东分配利润，而公司该 5 年连续盈利，并且符合法律规定的分配利润条件的； （2）公司合并、分立、转让主要财产的； （3）公司章程规定的营业期限届满或者章程规定的其他解散事由出现，股东会会议通过决议修改章程使公司存续的。 自股东会会议决议通过之日起 60 日内，股东与公司不能达成股权收购协议的，股东可以自股东会会议决议通过之日起 90 日内向人民法院提起诉讼
股份有限公司股份的转让规则	依据《公司法》的规定，股份有限公司的股东持有的股份可以依法转让。发起人持有的本公司股份，自公司成立之日起 1 年内不得转让。公司公开发行股份前已发行的股份，自公司股票在证券交易所上市交易之日起 1 年内不得转让。 公司董事、监事、高级管理人员应当向公司申报所持有的本公司的股份及其变动情况，在任职期间每年转让的股份不得超过其所持有本公司股份总数的 25%；所持本公司股份自公司股票上市交易之日起 1 年内不得转让。上述人员离职后半年内，不得转让其所持有的本公司股份。公司章程可以对公司董事、监事、高级管理人员转让其所持有的本公司股份作出其他限制性规定。 公司不得收购本公司股份。但是，有下列情形之一的除外： （1）减少公司注册资本； （2）与持有本公司股份的其他公司合并； （3）将股份奖励给本公司职工； （4）股东因对股东大会作出的公司合并、分立决议持异议，要求公司收购其股份的。 公司因前述第（1）项至第（3）项的原因收购本公司股份的，应当经股东大会决议。公司依照前述规定收购本公司股份后，属于第（1）项情形的，应当自收购之日起 10 日内注销；属于第（2）项、第（4）项情形的，应当在 6 个月内转让或者注销。公司依照前述第（3）项规定收购的本公司股份，不得超过本公司已发行股份总额的 5%；用于收购的资金应当从公司的税后利润中支出；所收购的股份应当在 1 年内转让给职工。公司不得接受本公司的股票作为质押权的标的

考点 4　公司的利润分配和清算规则（表 9－6）

表 9－6　公司的利润分配和清算规则

项　目	内　容
利润分配规则	依据《公司法》的规定，公司分配当年税后利润时，应当提取利润的10％列入公司法定公积金。公司法定公积金累计额为公司注册资本的50％以上的，可以不再提取。 公司的法定公积金不足以弥补以前年度亏损的，在依照前款规定提取法定公积金之前，应当先用当年利润弥补亏损。 公司从税后利润中提取法定公积金后，经股东会或者股东大会决议，还可以从税后利润中提取任意公积金。 公司弥补亏损和提取公积金后所余税后利润，有限责任公司股东按照实缴的出资比例分取红利，全体股东约定不按照出资比例分取红利的除外；股份有限公司按照股东持有的股份比例分配，但股份有限公司章程规定不按持股比例分配的除外
清算规则	依据《公司法》第一百八十条的规定，公司因下列原因解散： （1）公司章程规定的营业期限届满或者公司章程规定的其他解散事由出现； （2）股东会或者股东大会决议解散； （3）因公司合并或者分立需要解散； （4）依法被吊销营业执照、责令关闭或者被撤销； （5）人民法院依照本法第一百八十二条的规定予以解散。 公司经营管理发生严重困难，继续存续会使股东利益受到重大损失，通过其他途径不能解决的，持有公司全部股东表决权 10％以上的股东，可以请求人民法院解散公司。 公司因本法第（1）项、第（2）项、第（3）项、第（5）项规定而解散的，应当在解散事由出现之日起 15 日内成立清算组，开始清算。有限责任公司的清算组由股东组成，股份有限公司的清算组由董事或者股东大会确定的人员组成。 清算组应当自成立之日起 10 日内通知债权人，并于 60 日内在报纸上公告。债权人应当自接到通知书之日起 30 日内，未接到通知书的自公告之日起 45 日内，向清算组申报其债权。在申报债权期间，清算组不得对债权人进行清偿。 公司财产在分别支付清算费用、职工的工资、社会保险费用和法定补偿金，缴纳所欠税款，清偿公司债务后的剩余财产，有限责任公司按照股东的出资比例分配，股份有限公司按照股东持有的股份比例分配

考点 5　公司的税收制度（表 9—7）

表 9—7　　公司的税收制度

项　　目	内　　容
应纳税所得额	公司每一纳税年度的收入总额，在减除不征税收入、免税收入、各项扣除以及允许弥补的以前年度亏损后的余额，就是应纳税所得额。应纳税所得额乘以适用税率，然后减除根据《企业所得税法》关于税收优惠的规定减免和抵免的税额后的余额，就是应纳税额。 目前企业所得税税率一般为 25%
公司收入总额	以货币形式和非货币形式从各种来源取得的收入，为收入总额，包括： （1）销售货物收入； （2）提供劳务收入； （3）转让财产收入； （4）股息、红利等权益性投资收益； （5）利息收入； （6）租金收入； （7）特许权使用费收入； （8）接受捐赠收入； （9）其他收入
公司型基金的税收	对于公司型基金，“转让财产收入”“股息、红利等权益性投资收益”为主要收入来源，其中“转让财产收入”即公司型基金转让标的企业股权获得的收入。当以债转股或债加股等方式投资时，可能存在利息收入。前述收入中，符合条件的居民企业之间的权益性投资收益（如股息、红利等）为免税收入，在计算应纳税所得额时减除。 从基金投资人方面来说，对来自公司型基金分配的股息、红利所得，投资人为企业时，为免税收入；投资人为个人时，应按“股息、红利”所得缴纳个人所得税，一般适用税率为 20%
创业投资企业的税收	国家税务总局《关于实施创业投资企业所得税优惠问题的通知》（国税发[2009] 87 号）规定，创业投资企业采取股权投资方式的，投资于未上市的中小高新技术企业 2 年（24 个月）以上，符合条件的，可以依据其对中小高新技术企业投资额的 70%，在股权持有满 2 年的当年抵扣该创业投资企业的应纳税所得额；当年不足抵扣的，可以在以后纳税年度结转抵扣。 《企业所得税法》规定，创业投资企业从事国家需要重点扶持和鼓励的创业投资，可以按投资额的一定比例抵扣应纳税所得额。 《企业所得税法实施条例》规定，创业投资企业采取股权投资方式的，投资于未上市的中小高新技术企业 2 年以上的，可以按照其投资额的 70% 在股权持有满 2 年的当年，抵扣该创业投资企业的应纳税所得额；当年不足抵扣的，可在以后纳税年度结转抵扣

考点 6　有限合伙企业各类合伙人的责任承担方式

（1）普通合伙人和有限合伙人组成有限合伙企业。其中，普通合伙人对合伙企业债务承担无限连带责任；有限合伙人以其认缴的出资额为限对合伙企业债务承担责任。

(2) 有限合伙企业亏损分担方式由普通合伙人、有限合伙人在合伙协议中约定。

考点 7　不得成为普通合伙人的主体

国有独资公司、国有企业、上市公司以及公益性的事业单位、社会团体不得成为普通合伙人。

考点 8　合伙企业的税收制度（表 9—8）

表 9—8　合伙企业的税收制度

项　　目	内　　容
纳税义务人	合伙企业以每一个合伙人为纳税义务人，合伙企业层面不缴纳所得税。合伙人为自然人的，缴纳个人所得税；合伙人是法人和其他组织的，缴纳企业所得税
生产经营所得	合伙企业每一纳税年度的收入总额减除成本、费用以及损失后的余额，就是生产经营所得
税收原则	合伙企业生产经营所得［包括合伙企业分配给所有合伙人的所得和企业当年留存的所得（利润）］和其他所得采取“先分后税”的原则
《财政部、国家税务总局关于合伙企业合伙人所得税问题的通知》的规定	《财政部、国家税务总局关于合伙企业合伙人所得税问题的通知》规定，合伙企业的合伙人按照下列原则确定应纳税所得额： (1) 合伙企业的合伙人以合伙企业的生产经营所得和其他所得，按照合伙协议约定的分配比例确定应纳税所得额。 (2) 合伙协议未约定或者约定不明确的，以全部生产经营所得和其他所得，按照合伙人协商决定的分配比例确定应纳税所得额。 (3) 协商不成的，以全部生产经营所得和其他所得，按照合伙人实缴出资比例确定应纳税所得额。 (4) 无法确定出资比例的，以全部生产经营所得和其他所得，按照合伙人数量平均计算每个合伙人的应纳税所得额。 合伙企业以每一个合伙人为纳税义务人。合伙企业合伙人是自然人的，缴纳个人所得税；合伙人是法人和其他组织的，缴纳企业所得税。 合伙企业生产经营所得和其他所得采取“先分后税”的原则。具体应纳税所得额的计算按照《关于个人独资企业和合伙企业投资者征收个人所得税的规定》（财税［2000］91 号）及《财政部、国家税务总局关于调整个体工商户个人独资企业和合伙企业个人所得税税前扣除标准有关问题的通知》（财税［2008］65 号）的有关规定执行，即合伙人按“分得”的应纳税所得额，计算并缴纳个人所得税或企业所得税。合伙人为个人时，比照个人所得税法的“个体工商户的生产经营所得”应税项目，适用 5%～35%的五级超额累进税率，计算征收个人所得税；合伙人为企业时，适用企业所得税税率，计征企业所得税。 合伙企业的合伙人是法人和其他组织的，合伙人在计算其缴纳企业所得税时，不得用合伙企业的亏损抵减其盈利

续表

项　目	内　容
《国家税务总局关于有限合伙制创业投资企业法人合伙人企业所得税有关问题的公告》的规定	《国家税务总局关于有限合伙制创业投资企业法人合伙人企业所得税有关问题的公告》（国家税务总局公告 2015 年第 81 号）规定： 有限合伙制创业投资企业采取股权投资方式投资于未上市的中小高新技术企业满 2 年（24 个月）的，其法人合伙人可按照对未上市中小高新技术企业投资额的 70%抵扣该法人合伙人从该有限合伙制创业投资企业分得的应纳税所得额，当年不足抵扣的，可以在以后纳税年度结转抵扣。 所称“满 2 年”是指自 2015 年 10 月 1 日起，有限合伙制创业投资企业投资于未上市中小高新技术企业的实缴投资满 2 年，同时，法人合伙人对该有限合伙制创业投资企业的实缴出资也应满 2 年。 如果法人合伙人投资于多个符合条件的有限合伙制创业投资企业，可合并计算其可抵扣的投资额和应分得的应纳税所得额。当年不足抵扣的，可结转以后纳税年度继续抵扣；当年抵扣后有结余的，按照企业所得税法的规定，计算缴纳企业所得税

考点 9　有限合伙企业合伙事务的执行方式（表 9—9）

表 9—9　　有限合伙企业合伙事务的执行方式

项　目	内　容
执行事务合伙人	对于有限合伙企业，由普通合伙人执行合伙事务。执行事务合伙人可要求在合伙协议中确定执行事务的报酬及报酬提取方式
不执行合伙事务合伙人	有限合伙人不执行合伙事务，不得对外代表有限合伙企业
不视为执行合伙事务的行为	有限合伙人的下列行为，不视为执行合伙事务： （1）参与决定普通合伙人入伙、退伙。 （2）对企业的经营管理提出建议。 （3）参与选择承办有限合伙企业审计业务的会计师事务所。 （4）获取经审计的有限合伙企业财务会计报告。 （5）对涉及自身利益的情况，查阅有限合伙企业财务会计账簿等财务资料。 （6）在有限合伙企业中的利益受到侵害时，向有责任的合伙人主张权利或者提起诉讼。 （7）执行事务合伙人怠于行使权利时，督促其行使权利或者为了本企业的利益以自己的名义提起诉讼。 （8）依法为本企业提供担保
未经授权的交易情形	对于有限合伙人，未经授权以有限合伙企业名义与他人进行交易，给有限合伙企业或者其他合伙人造成损失的，该有限合伙人承担赔偿责任

续表

项目	内容
其他规定	第三人有理由相信有限合伙人为普通合伙人并与其交易的，该有限合伙人对该笔交易承担与普通合伙人同样的责任

考点 10　有限合伙企业的利润分配、份额转让规则（表 9—10）

表 9—10　有限合伙企业的利润分配、份额转让规则

项目	内容
利润分配规则	《合伙企业法》规定，有限合伙企业的利润分配、亏损分担，按照合伙协议的约定办理；有限合伙协议未约定或者约定不明确的，由合伙人协商决定；协商不成的，由合伙人按照实缴出资比例分配、分担；无法确定出资比例的，由合伙人平均分配、分担。 有限合伙企业不得将全部利润分配给部分合伙人；但是，合伙协议另有约定的除外
份额转让规则	《合伙企业法》规定，有限合伙人可以将其在有限合伙企业中的财产份额出质；但是，合伙协议另有约定的除外。 有限合伙人可以按照合伙协议的约定向合伙人以外的人转让其在有限合伙企业中的财产份额，但应当提前 30 日通知其他合伙人

考点 11　私募股权投资基金合规运营与非法集资的界限（表 9—11）

表 9—11　私募股权投资基金合规运营与非法集资的界限

项目	内容
开展私募股权投资基金业务的方式	私募股权投资基金业务开展时，必须严格遵守以非公开方式向特定的合格投资者募集的原则，严禁保底保收益，否则容易触犯非法吸收公众存款罪、集资诈骗罪等刑事责任
构成“非法吸收公众存款或者变相吸收公众存款”条件	（1）未经有关部门依法批准或者借用合法经营的形式吸收资金。 （2）通过媒体、推介会、传单、手机短信等途径向社会公开宣传。 （3）承诺在一定期限内以货币、实物、股权等方式还本付息或者给付回报。 （4）向社会公众即社会不特定对象吸收资金
不属于非法吸收或者变相吸收公众存款	未向社会公开宣传，在亲友或单位内部针对特定对象吸收资金的，则不属于非法吸收或者变相吸收公众存款

续表

项　　目	内　　容
非法吸收或者变相吸收公众存款，应当依法追究刑事责任的情形	（1）个人非法吸收或变相吸收公众存款，数额在20万元以上的；单位非法吸收或者变相吸收公众存款，数额在100万元以上的。 （2）个人非法吸收或变相吸收公众存款对象30人以上的，单位非法吸收或者变相吸收公众存款对象150人以上的。 （3）个人非法吸收或变相吸收公众存款，给存款人造成直接经济损失数额在10万元以上的；单位非法吸收或变相吸收公众存款，给存款人造成直接经济损失数额在50万元以上的。 （4）造成恶劣社会影响或者其他严重后果的
以非法吸收公众存款罪定罪处罚的行为	（1）不具有房产销售的真实内容或者不以房产销售为主要目的，以返本销售、售后包租、约定回购、销售房产份额等方式非法吸收资金的。 （2）以转让林权并代为管护等方式非法吸收资金的。 （3）以代种植（养殖）、租种植（养殖）、联合种植（养殖）等方式非法吸收资金的。 （4）不具有销售商品、提供服务的真实内容或者不以销售商品、提供服务为主要目的，以商品回购、寄存代售等方式非法吸收资金的。 （5）不具有发行股票、债券的真实内容，以虚假转让股权、发售虚构债券等方式非法吸收资金的。 （6）不具有募集基金的真实内容，以假借境外基金、发售虚构基金等方式非法吸收资金的。 （7）不具有销售保险的真实内容，以假冒保险公司、伪造保险单据等方式非法吸收资金的。 （8）以投资入股的方式非法吸收资金的。 （9）以委托理财的方式非法吸收资金的。 （10）利用民间“会”“社”等组织非法吸收资金的。 （11）其他非法吸收资金的行为
可以认定为“以非法占有为目的”的情形	（1）集资后不用于生产经营活动，或者用于生产经营活动但与筹集资金规模明显不成比例，致使集资款不能返还的。 （2）肆意挥霍集资款，致使集资款不能返还的。 （3）携带集资款逃匿的。 （4）将集资款用于违法犯罪活动的。 （5）抽逃、转移资金，隐匿财产，逃避返还资金的。 （6）隐匿、销毁账目，或者搞假破产、假倒闭，逃避返还资金的。 （7）拒不交代资金去向，逃避返还资金的。 （8）其他可以认定非法占有目的的情形
避免非法集资的有效方式	包括：严守行业底线，坚守私募原则，向合格投资者募集资金，杜绝保底保收益，勤勉尽责、诚信信披

【典型习题】

1. 下列关于公司股东的责任承担方式的说法，错误的是(　　)。

A. 公司是企业法人，有独立的法人财产，享有法人财产权

B. 公司以其部分财产对公司的债务承担责任

C. 有限责任公司的股东以其认缴的出资额为限对公司承担责任

D. 股份有限公司的股东以其认购的股份为限对公司承担责任

2. 有限责任公司增加或减少注册资本，由股东会决议，必须经代表(　　)以上表决权的股东通过。

A. 1/3　　B. 2/3

C. 1/2　　D. 1/4

3. 公司需要减少注册资本时，必须编制资产负债表及财产清单。公司应当自作出减少注册资本决议之日起 10 日内通知债权人，并于(　　)日内在报纸上公告。

A. 10　　B. 20

C. 30　　D. 40

4. 股份有限公司不得收购本公司股份。但是，除外的情形不包括(　　)。

A. 将股份奖励给本公司职工

B. 与持有本公司股份的其他公司合并

C. 增加公司注册资本

D. 股东因对股东大会作出的公司合并、分立决议持异议，要求公司收购其股份的

5. 自有限公司股东会会议决议通过之日起 60 日内，股东与公司不能达成股权收购协议的，股东可以自股东会会议决议通过之日起(　　)日内向人民法院提起诉讼。

A. 60　　B. 70

C. 80　　D. 90

6. 下列关于股份有限公司的转让规则的描述，正确的是(　　)。

A. 发起人持有的本公司股份，自公司成立之日起 1 年内不得转让

B. 公司公开发行股份前已发行的股份，自公司股票在证券交易所上市交易之日起 1 年内不得转让

C. 公司董事、监事、高级管理人员应当向公司申报所持有的本公司的股份及其变动情况，在任职期间每年转让的股份不得超过其所持有本公司股份总数的 20%

D. 股份有限公司的股东持有的股份可以依法转让

7. 公司分配当年税后利润时，应当提取利润的(　　)列入公司法定公积金。

A. 5%　　B. 10%

C. 15%　　D. 20%

8. 公司解散的，应当在解散事由出现之日起(　　)日内成立清算组，开始清算。

A. 5　　B. 10

C. 15　　D. 20

9. 下列关于公司的利润分配规则的说法，错误的是(　　)。

A. 公司法定公积金累计额为公司注册资本的 40%以上的，可以不再提取

B. 公司的法定公积金不足以弥补以前年度亏损的，在依照前款规定提取法定公积金之前，应当先用当年利润弥补亏损

C. 公司从税后利润中提取法定公积金后，经股东会或者股东大会决议，还可以从税后利润中提取任意公积金

D. 公司弥补亏损和提取公积金后所余税后利润，有限责任公司股东按照实缴的出资比例分取红利，全体股东约定不按照出资比例分取红利的除外

10.《企业所得税法实施条例》规定，创业投资企业采取股权投资方式投资于未上市的中小高新技术企业 2 年以上的，可以按照其投资额的(　　)在股权持有满 2 年的当年，抵扣该创业投资企业的应纳税所得额。

A. 40%　　B. 50%

C. 60%　　D. 70%

11. 从基金投资人层面看，公司型基金的投资人是个人时，应按“股息、红利”所得缴纳个人所得税，适用税率一般为(　　)。

A. 10%　　B. 20%

C. 30%　　D. 40%

12. 目前企业所得税税率一般为(　　)。

A. 10%　　B. 15%

C. 20%　　D. 25%

13. 下列关于公司的税收制度的描述，错误的是(　　)。

A. 公司每一纳税年度的收入总额，减除不征税收入、免税收入、各项扣除以及允许弥补的以前年度亏损后的余额，为应纳税所得额

B. 公司必须以货币形式从各种来源取得的收入

C. 对公司型基金而言，“转让财产收入”“股息、红利等权益性投资收益”为主要收入来源，其中“转让财产收入”即公司型基金转让标的企业股权获得的收入

D. 创业投资企业从事国家需要重点扶持和鼓励的创业投资，可以按投资额的一定比例抵扣应纳税所得额

14. 下列关于有限合伙企业各类合伙人的责任承担方式的描述，正确的是(　　)。

A. 有限合伙企业由普通合伙人和有限合伙人组成

B. 有限合伙人对合伙企业债务承担无限连带责任

C. 普通合伙人以其认缴的出资额为限对合伙企业债务承担责任

D. 有限合伙企业亏损分担方式由普通合伙人、有限合伙人在公司章程中约定

15. 根据《财政部、国家税务总局关于合伙企业合伙人所得税问题的通知》，下列关于合伙企业的合伙人确定应纳税所得额的原则的说法，错误的是(　　)。

A. 合伙企业的合伙人以合伙企业的生产经营所得和其他所得，按照合伙协议约定的分配比例确定应纳税所得额

B. 公司章程未约定或者约定不明确的，以全部生产经营所得和其他所得，按照合伙人协商决定的分配比例确定应纳税所得额

C. 协商不成的，以全部生产经营所得和其他所得，按照合伙人实缴出资比例确定应纳税所得额

D. 无法确定出资比例的，以全部生产经营所得和其他所得，按照合伙人数量平均计算每个合伙人的应纳税所得额

16. 下列关于合伙企业的税收制度的说法，正确的是（　　）。

A. 从所得税层面看，合伙企业以每一个合伙人为纳税义务人，合伙企业层面不缴纳所得税

B. 合伙企业每一纳税年度的收入总额加上成本、费用以及损失后的余额，为生产经营所得

C. 合伙企业生产经营所得和其他所得采取“先税后分”的原则

D. 合伙人为个人时，比照个人所得税法的“个体工商户的生产经营所得”应税项目，适用5%～15%的五级超额累进税率，计算征收个人所得税

17. 下列关于有限合伙人不视为执行合伙事务行为的说法，错误的是（　　）。

A. 参与决定普通合伙人入伙、退伙

B. 对企业的经营管理提出建议

C. 参与选择承办有限合伙企业审计业务的会计师事务所

D. 获取经评审的可行性分析报告

18. 下列关于有限合伙企业合伙事务的执行方式，描述错误的是（　　）。

A. 有限合伙企业由特殊合伙人执行合伙事务，执行事务合伙人可以要求在合伙协议中确定执行事务的报酬及报酬提取方式

B. 有限合伙人不执行合伙事务，不得对外代表有限合伙企业

C. 第三人有理由相信有限合伙人为普通合伙人并与其交易的，该有限合伙人对该笔交易承担与普通合伙人同样的责任

D. 有限合伙人未经授权以有限合伙企业名义与他人进行交易，给有限合伙企业或者其他合伙人造成损失的，该有限合伙人应当承担赔偿责任

19. 有限合伙人可以按照合伙协议的约定向合伙人以外的人转让其在有限合伙企业中的财产份额，但应当提前（　　）日通知其他合伙人。

A. 10　　B. 20

C. 30　　D. 40

20. 下列关于有限合伙企业的利润分配、份额转让规则的描述，正确的是（　　）。

A. 有限合伙企业的利润分配、亏损分担，按照基金合同的约定办理

B. 有限合伙企业必须将全部利润分配给部分合伙人

C. 有限合伙人不可以将其在有限合伙企业中的财产份额出质

D. 有限合伙协议未约定或者约定不明确的，由合伙人协商决定

21. 除刑法另有规定的以外，构成“非法吸收公众存款或者变相吸收公众存款”的要件不包括（　　）。

A. 经有关部门依法批准或者借用合法经营的形式吸收资金

B. 通过媒体、推介会、传单、手机短信等途径向社会公开宣传

C. 承诺在一定期限内以货币、实物、股权等方式还本付息或者给付回报

D. 向社会公众即社会不特定对象吸收资金

22. 非法吸收或者变相吸收公众存款，个人非法吸收或者变相吸收公众存款，数额在(　　)万元以上的应当依法追究刑事责任。

A. 10　　　　B. 20

C. 30　　　　D. 40

23. 使用诈骗方法非法集资，可以认定为“以非法占有为目的”的情形不包括(　　)。

A. 肆意挥霍集资款，致使集资款不能返还的

B. 将集资款用于违法犯罪活动的

C. 携带集资款逃匿的

D. 交代资金去向，返还资金

【参考答案】

1. B　2. B　3. C　4. C　5. D　6. C　7. B　8. C　9. A　10. D
11. B　12. D　13. B　14. A　15. B　16. A　17. D　18. A　19. C
20. D　21. A　22. B　23. D

第 10 章　行业自律管理

【知识结构框架】

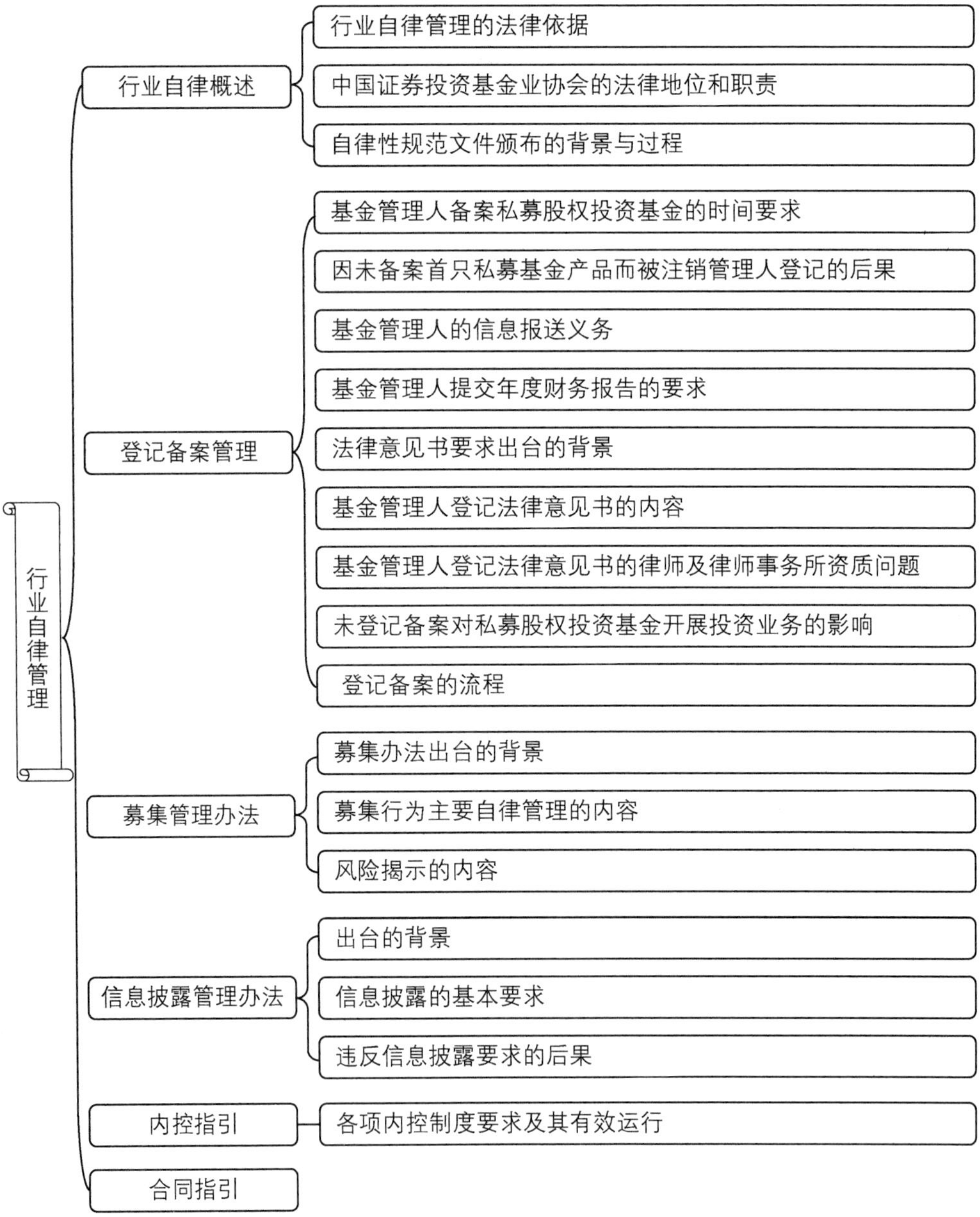

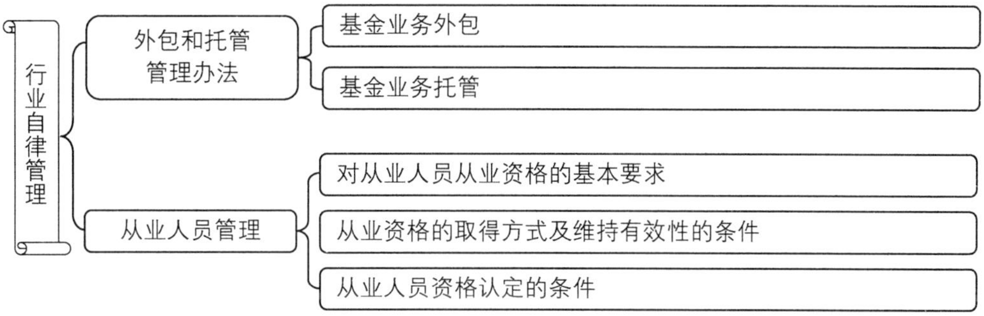

第一节　行业自律概述

【教材解读】

考点 1　行业自律管理的法律依据

（1）我国私募股权投资基金行业的自律机构是中国证券投资基金业协会。

（2）新修订的《证券投资基金法》增设了“基金行业协会”这个章节，为中国证券投资基金业协会的地位和职责权限提供了基本的法律依据。

（3）中国证监会于 2014 年 8 月 21 日颁布的《私募投资基金监督管理暂行办法》，明确中国证券投资基金业协会对股权投资开展行业自律，协调行业关系，提供行业服务，促进行业发展。

考点 2　中国证券投资基金业协会的法律地位和职责（表 10－1）

表 10－1　　中国证券投资基金业协会的法律地位和职责

项　　目	内　　容
法律地位	《证券投资基金法》规定，中国证券投资基金业协会是证券投资基金行业的自律性组织，是社会团体法人
职责	《证券投资基金法》规定，中国证券投资基金业协会履行下列职责： （1）教育和组织会员遵守有关证券投资的法律、行政法规，维护投资人合法权益； （2）依法维护会员的合法权益，反映会员的建议和要求； （3）制定和实施行业自律规则，监督、检查会员及其从业人员的执业行为，对违反自律规则和协会章程的，按照规定给予纪律处分； （4）制定行业执业标准和业务规范，组织基金从业人员的从业考试、资质管理和业务培训； （5）提供会员服务，组织行业交流，推动行业创新，开展行业宣传和投资人教育活动； （6）对会员之间、会员与客户之间发生的基金业务纠纷进行调解； （7）依法办理非公开募集基金的登记、备案； （8）协会章程规定的其他职责

考点3　自律性规范文件颁布的背景与过程

为了保护投资者合法权益，并促进私募基金行业规范健康发展，发挥行业自律基础性作用，在不断完善私募基金行业自律管理的规则体制基础上，营造规范、诚信、创新的私募行业发展环境，推动我国各类私募基金持续发展，为国民经济发展作出贡献，中国证券投资基金业协会依据《证券投资基金法》《私募投资基金监督管理暂行办法》颁布了一系列自律性规范文件。

【典型习题】

1. 我国股权投资基金行业的自律机构是(　　)。

A. 中国银监会　　B. 中国证监会

C. 中国证券投资基金业协会　　D. 中国证券业协会

2. 2014年8月21日，中国证监会颁布的(　　)，明确中国证券投资基金业协会对股权投资开展行业自律，协调行业关系，提供行业服务，促进行业发展。

A.《私募投资基金监督管理暂行办法》B.《证券投资基金法》

C.《信托法》　　D.《私募投资基金管理人内部控制指引》

3. 私募股权投资基金行业的自律性组织是(　　)，并且是社会团体法人。

A. 中国银监会　　B. 中国证监会

C. 中国证券投资基金业协会　　D. 中国证券业协会

4. 下列关于中国证券投资基金业协会履行的职责的说法，错误的是(　　)。

A. 教育和组织会员遵守有关证券投资的法律、行政法规，维护投资人合法权益

B. 依法办理非公开募集基金的登记、备案

C. 对会员之间、会员与客户之间发生的基金业务纠纷进行调解

D. 制定国家法律法规

【参考答案】

1. C　　2. A　　3. C　　4. D

第二节　登记备案管理

【教材解读】

考点1　基金管理人备案私募股权投资基金的时间要求

(1) 私募股权投资基金管理人在私募基金募集完毕后20个工作日内，通过私募基金登记备案系统备案。

(2) 私募股权投资基金管理人提供登记申请材料完备的，中国证券投资基金业协会自收齐登记材料之日起20个工作日内，以通过网站公示私募基金管理人基本情况的方式，为私募基金管理人办结登记手续。

(3) 自《关于进一步规范私募基金管理人登记若干事项的公告》发布之日起，新

登记私募股权投资基金管理人在办结登记手续之日起 6 个月内仍未备案首只私募基金产品的，中国证券投资基金业协会将注销该基金管理人登记。

（4）对于公司型基金，其自聘管理团队管理基金资产的，该公司型基金在作为基金履行备案手续的同时，还需作为基金管理人履行登记手续。

考点 2　因未备案首只私募基金产品而被注销管理人登记的后果

根据《关于进一步规范私募基金管理人登记若干事项的公告》的规定，被注销登记的私募基金管理人若因真实业务需要，可按要求重新申请私募基金管理人登记。对符合要求的申请机构，中国证券投资基金业协会将以在官方网站公示私募基金管理人基本情况的方式，为该申请机构再次办结登记手续。

考点 3　基金管理人的信息报送义务（表 10－2）

表 10－2　　基金管理人的信息报送义务

项　　目	内　　容
及时履行信息报送义务	基金管理人通过私募基金登记备案系统持续报送信息是实现行业自律监管的重要基础性措施之一。 私募股权投资管理人通过私募基金登记备案系统及时履行股权投资基金基金管理人及其管理的私募股权投资基金的季度、年度和重大事项信息报送更新等信息报送义务
违反信息报送义务的处罚	（1）自"登记公告"发布之日起，在基金管理人完成相应信息（如季度、年度及财务报告、重大事项报告等信息）报送整改要求之前，中国证券投资基金业协会将暂停受理该机构的私募基金产品备案申请。 （2）已登记的基金管理人存在下列情况的，中国证券投资基金业协会将其列入异常机构名单，通过基金管理人公示平台对外公示，并暂停受理该机构的私募基金产品备案申请：①基金管理人未按时履行季度、年度和重大事项信息报送更新义务累计达 2 次的；②已登记的基金管理人因违反《企业信息公示暂行条例》相关规定，被列入企业信用信息公示系统严重违法企业公示名单的；③已登记的基金管理人未按要求提交经审计的年度财务报告的。 （3）新申请基金管理人登记的机构存在被列入企业信用信息公示系统严重违法企业公示名单的；成立满 1 年但未提交经审计的年度财务报告的情况，中国证券投资基金业协会将不予登记。 （4）如果私募基金管理人作为异常机构公示，即使整改完毕，至少 6 个月后才能恢复正常机构公示状态

考点 4　基金管理人提交年度财务报告的要求（表 10－3）

表 10－3　　基金管理人提交年度财务报告的要求

项　　目	内　　容
按时提交经审计的年度财务报告	私募股权投资基金管理人于每年度 4 月底之前，通过私募基金登记备案系统填报经会计师事务所审计的年度财务报告

续表

项　目	内　容
违反财务报告提交义务的处罚	已登记管理人未按要求提交的，在完成整改之前，中国证券投资基金业协会暂停受理该机构产品备案，并列入异常机构名单；异常机构整改完毕后至少6个月才能恢复正常机构公示状态；新申请登记管理人成立满1年未提交经审计的年度财务报告的，协会将不予登记

考点5　法律意见书要求出台的背景

根据中基协负责人就发布《关于进一步规范私募基金管理人登记若干事项的公告》答记者问，中国证券投资基金业协会要求基金管理人提交法律意见书，引入法律中介机构的尽职调查，是对私募基金登记备案制度的进一步完善和发展，有利于保护投资者利益，规范股权投资基金行业守法合规经营，防止登记申请机构的道德风险外溢。

一方面，目前大量申请私募基金管理人登记的机构欠缺诚信约束，提交申请材料不真实、不准确、不完整，中国证券投资基金业协会办理登记面临较高道德风险。前期，中国证券投资基金业协会的私募基金登记备案不作事前的实质性审查，对申请材料的真实性、准确性、完整性高度依赖于申请机构的自身承诺。实际中，申请机构材料中大量存在瞒报、漏报甚至虚假陈述的情况。在我国全社会诚信体系尚未健全的现状下，这种做法很难真正实现对申请机构的诚信约束，甚至滋长了一些不法机构铤而走险，不断测试中国证券投资基金业协会登记工作的底线，造成后续自律管理、行政监管和司法办案上的被动和无奈。

另一方面，引入法律中介机构的监督和约束，本身就是私募基金行业自律和社会监督的重要力量。律师事务所是持牌的专业法律服务提供者，独立性高，法律合规意识强。请专业律师事务所对私募基金管理人登记申请进行第三方尽职调查，提供法律意见书，可提高申请机构的违规登记成本和社会诚信约束，有助于提升申请材料信息质量和合规性，提高中国证券投资基金业协会登记办理工作效能。

考点6　基金管理人登记法律意见书的内容

自《关于进一步规范私募基金管理人登记若干事项的公告》发布之日起，新申请私募基金管理人登记、已登记的私募基金管理人发生部分重大事项变更，需通过私募基金登记备案系统提交中国律师事务所出具的法律意见书。

根据《私募基金管理人登记法律意见书指引》的规定，法律意见书应当对下列内容逐项发表法律意见：

（1）申请机构是否依法在中国境内设立并有效存续。

（2）申请机构的工商登记文件所记载的经营范围是否符合国家相关法律法规的规定。申请机构的名称和经营范围中是否含有“基金管理”“投资管理”“资产管理”“股权投资”“创业投资”等与私募基金管理人业务属性密切相关的字样，以及私募基金管理人名称中是否含有“私募”相关字样。

（3）申请机构是否符合《私募投资基金监督管理暂行办法》第22条专业化经营原则，说明申请机构主营业务是否为私募基金管理业务；申请机构的工商经营范围或实际经营业务中，是否兼营可能与私募投资基金业务存在冲突的业务、是否兼营与“投资管理”的买方业务存在冲突的业务、是否兼营其他非金融业务。

（4）申请机构股东的股权结构情况。申请机构是否有直接或间接控股或参股的境外股东，若有，请说明穿透后其境外股东是否符合现行法律法规的要求和中国证券投资基金业协会的规定。

（5）申请机构是否具有实际控制人；若有，请说明实际控制人的身份或工商注册信息，以及实际控制人与申请机构的控制关系，并说明实际控制人能够对机构起到的实际支配作用。

（6）申请机构是否存在子公司（持股 5%以上的金融企业、上市公司及持股 20%以上的其他企业）、分支机构和其他关联方（受同一控股股东/实际控制人控制的金融企业、资产管理机构或相关服务机构），若有，请说明情况及其子公司、关联方是否已登记为私募基金管理人。

（7）申请机构是否按规定具有开展私募基金管理业务所需的从业人员、营业场所、资本金等企业运营基本设施和条件。

（8）申请机构是否已制定风险管理和内部控制制度。是否已经根据其拟申请的私募基金管理业务类型建立了与之相适应的制度，包括（视具体业务类型而定）运营风险控制制度、信息披露制度、机构内部交易记录制度、防范内幕交易和利益冲突的投资交易制度、合格投资者风险揭示制度、合格投资者内部审核流程及相关制度、私募基金宣传推介、募集相关规范制度以及（适用于私募证券投资基金业务）的公平交易制度、从业人员买卖证券申报制度等配套管理制度。

（9）申请机构是否与其他机构签署基金外包服务协议，说明其外包服务协议情况及是否存在潜在风险。

（10）申请机构的高管人员是否具备基金从业资格，高管岗位设置是否符合中国基金业协会的要求。高管人员包括法定代表人/执行事务合伙人委派代表、总经理、副总经理（如有）和合规/风控负责人等。

（11）申请机构是否受到刑事处罚、金融监管部门行政处罚或者被采取行政监管措施；申请机构及其高管人员是否受到行业协会的纪律处分，是否在资本市场诚信数据库中存在负面信息，是否被列入失信被执行人名单，是否被列入全国企业信用信息公示系统的经营异常名录或严重违法企业名录，是否在“信用中国”网站上存在不良信用记录等。

（12）申请机构最近 3 年涉诉或仲裁的情况。

（13）申请机构向中国证券投资基金业协会提交的登记申请材料是否真实、准确、完整。

（14）经办执业律师及律师事务所认为需要说明的其他事项。

考点 7　基金管理人登记法律意见书的律师及律师事务所资质问题

（1）对于出具意见书的律师事务所，中国证券投资基金业协会对其资质无特殊的要求，在中国境内设立、可就中国法律事项发表专业意见的律师事务所和中国执业律师，均可受聘出具法律意见书。

(2) 中国证券投资基金业协会鼓励基金管理人选择符合《律师事务所从事证券法律业务管理办法》相关资质要求的律师事务所及其执业律师出具“法律意见书”。

(3) 作为基金服务机构的律师事务所可申请成为中国证券投资基金业协会会员，但中国证券投资基金业协会未对律师事务所入会作强制性要求。

考点 8 未登记备案对私募股权投资基金开展投资业务的影响

对于基金管理人，未经登记不得开展私募股权投资基金管理、募集业务。

中介机构需对私募股权投资基金是否按规定备案进行核查并发表专项意见，未登记备案的私募股权投资基金所投资项目，在新三板挂牌、定增、并购重组、首次公开发行时将会受到限制。

考点 9 登记备案的流程（表 10－4）

表 10－4　　登记备案的流程

项目	内容
根据需要成为协会会员	基金管理人可根据需要申请成为中国证券投资基金业协会会员单位，但成为会员不是登记备案的必备前置程序，基金管理人登记和基金备案需通过私募基金登记备案系统提交相关材料
基金管理人通过私募基金登记备案系统提交的信息	(1) 工商登记和营业执照正副本复印件。 (2) 公司章程或者合伙协议。 (3) 主要股东或者合伙人名单。 (4) 高级管理人员的基本信息。 (5) 中国证券投资基金业协会规定的其他信息
基金管理人通过私募基金登记备案系统向中国证券投资基金业协会报送的信息	(1) 主要投资方向及根据主要投资方向注明的基金类别。 (2) 基金合同、公司章程或者合伙协议。资金募集过程中向投资者提供基金招募说明书的，应当报送基金招募说明书。以公司、合伙等企业形式设立的私募基金，还应当报送工商登记和营业执照正副本复印件。 (3) 采取委托管理方式的，应当报送委托管理协议。委托托管机构托管基金财产的，还应当报送托管协议。 (4) 中国证券投资基金业协会规定的其他信息

【典型习题】

1. 私募股权投资基金管理人应当在私募基金募集完毕后(　　)个工作日内，通过私募基金登记备案系统进行备案。

A. 10　　B. 20

C. 30　　D. 40

2. 私募股权投资基金管理人提供的登记申请材料完备的，(　　)应当自收齐登记材料之日起 20 个工作日内，以通过网站公示私募基金管理人基本情况的方式，为私募基金管理人办结登记手续。

A. 中国证券投资基金业协会　　B. 中国证监会

C. 中国银监会　　D. 中国证券业协会

3. 自《关于进一步规范私募基金管理人登记若干事项的公告》发布之日起，新登记的股权投资基金管理人在办结登记手续之日起(　　)内仍未备案首只私募基金产品的，中国证券投资基金业协会将注销该基金管理人登记。

A. 3个月　　B. 5个月

C. 6个月　　D. 1年

4. 已登记的基金管理人未按时履行季度、年度和重大事项信息报送更新义务累计达(　　)次的情况，中国证券投资基金业协会将其列入异常机构名单，通过基金管理人公示平台对外公示，并暂停受理该机构的私募基金产品备案申请。

A. 1　　B. 2

C. 3　　D. 4

5. 私募股权投资基金管理人应当于每年度(　　)月底之前，通过私募基金登记备案系统填报经会计师事务所审计的年度财务报告。

A. 3　　B. 4

C. 5　　D. 6

6. 下列关于私募股权投资基金管理人登记法律意见书应当逐项发表法律意见的内容的说法，错误的是(　　)。

A. 申请机构是否依法在中国境内设立并有效存续

B. 申请机构的公安部登记文件所记载的经营范围是否符合国家相关法律法规的规定

C. 申请机构是否已制定风险管理和内部控制制度

D. 申请机构是否按规定具有开展私募基金管理业务所需的从业人员、营业场所、资本金等企业运营基本设施和条件

7. 下列选项中，(　　)对出具意见书的律师事务所无特殊的资质要求，在中国境内设立、可就中国法律事项发表专业意见的律师事务所和中国执业律师，均可受聘出具法律意见书。

A. 中国证券投资基金业协会　　B. 中国证监会

C. 中国银监会　　D. 中国证券业协会

8. 作为基金服务机构的律师事务所可以申请成为(　　)会员，但其未就律师事务所入会作出强制性要求。

A. 中国证券投资基金业协会　　B. 中国证监会

C. 中国银监会　　D. 中国证券业协会

9. 基金管理人申请私募基金管理人登记的，应当通过私募基金登记备案系统，提交的信息不包括(　　)。

A. 工商登记和营业执照正副本复印件　B. 公司章程或者合伙协议

C. 主要股东或者合伙人名单　　D. 公司员工的详细信息

10. 基金管理人应当通过私募基金登记备案系统向中国证券投资基金业协会报送的

基本信息不包括（　　）。

A. 主要投资方向及根据主要投资方向注明的基金类别

B. 采取委托管理方式的，应当报送鉴别管理协议

C. 委托托管机构托管基金财产的，还应当报送托管协议

D. 基金合同、公司章程或者合伙协议

【参考答案】

1. B　2. A　3. C　4. B　5. B　6. B　7. A　8. A　9. D　10. B

第三节　募集管理办法

【教材解读】

考点 1　募集办法出台的背景

私募基金行业的发展日益壮大，同时，风险也在不断积聚，风险事件陆续暴露，出现了大量涉嫌违规私募案件，案件涉及的主要违法违规类型表现为公开宣传、虚假宣传、保本保收益、向非合格投资者募集资金、非法集资、非法吸收公众存款等，其中大多数是发生在募集环节的问题。

为此，为了加强保护私募基金投资者合法权益，并进一步规范私募基金的募集市场，中国证券投资基金业协会在对近年来私募基金在募集过程中的各种现象、问题研究和总结的基础上，制定了《私募投资基金募集行为管理办法》。

考点 2　募集行为主要自律管理的内容

1. 募集主体、方式、对象、各方责任（表 10－5）

表 10－5　募集主体、方式、对象、各方责任

项　目	内　容
募集主体	在中国证券投资基金业协会办理私募基金管理人登记机构，在中国证监会注册取得基金销售业务资格且成为中国证券投资基金业协会会员的机构可从事股权投资基金的募集活动，其他任何机构和个人不得从事股权投资基金的募集活动
募集行为	包含推介基金，发售基金份额（权益），办理基金份额（权益）认缴、退出等活动
募集方式	包括基金管理人自行募集、委托基金销售机构募集
募集对象	向特定的合格投资者募集
各方责任	募集机构应当履行说明义务、反洗钱义务等相关义务，承担特定对象确定、投资者适当性审查、私募基金推介及合格投资者确认等相关责任。基金管理人委托基金销售机构募集的，不得因委托募集免除私募基金管理人依法承担的责任

2. 募集行为的主要流程

根据《私募投资基金募集行为管理办法》的规定，私募基金募集应当履行下列程序：

（1）特定对象确定；

（2）投资者适当性匹配；

（3）基金风险揭示；

（4）合格投资者确认；

（5）投资冷静期；

（6）回访确认。

3. 主要法律文件及禁止行为（表 10－6）

表 10－6　　　　主要法律文件及禁止行为

项　　目	内　　容
主要法律文件	包括募集说明书、合格投资者调查问卷、合格投资者承诺、风险揭示书、基金合同、账户监督协议
禁止行为	（1）公开推介或者变相公开推介。 （2）推介材料虚假记载、误导性陈述或者重大遗漏。 （3）以任何方式承诺投资者资金不受损失，或者以任何方式承诺投资者最低收益，包括宣传“预期收益”“预计收益”“预测投资业绩”等相关内容。 （4）夸大或者片面推介基金，违规使用“安全”“保证”“承诺”“保险”“避险”“有保障”“高收益”“无风险”等可能误导投资人进行风险判断的措辞。 （5）使用“欲购从速”“申购良机”等片面强调集中营销时间限制的措辞。 （6）推介或片面节选少于 6 个月的过往整体业绩或过往基金产品业绩。 （7）登载个人、法人或者其他组织的祝贺性、恭维性或推荐性的文字。 （8）采用不具有可比性、公平性、准确性、权威性的数据来源和方法进行业绩比较，任意使用“业绩最佳”“规模最大”等相关措辞。 （9）恶意贬低同行。 （10）允许非本机构雇佣的人员进行私募基金推介。 （11）推介非本机构设立或负责募集的私募基金。 （12）法律、行政法规、中国证监会和中国证券投资基金业协会禁止的其他行为
募集机构推介私募基金不得采用的媒介渠道	（1）公开出版资料。 （2）面向社会公众的宣传单、布告、手册、信函、传真。 （3）海报、户外广告。 （4）电视、电影、电台及其他音像等公共传播媒体。 （5）公共、门户网站链接广告、博客等。 （6）未设置特定对象确定程序的募集机构官方网站、微信朋友圈等互联网媒介。

续表

项　　目	内　　容
募集机构推介私募基金不得采用的媒介渠道	（7）未设置特定对象确定程序的讲座、报告会、分析会。 （8）未设置特定对象确定程序的电话、短信和电子邮件等通信媒介。 （9）法律、行政法规、中国证监会规定和中国证券投资基金业协会自律规则禁止的其他行为

考点3　风险揭示的内容

募集机构在投资者签署基金合同之前向投资者说明有关法律法规，并重点揭示私募基金风险，并与投资者签署风险揭示书。

风险揭示书的内容包括但不限于：

（1）私募基金的特殊风险：包括基金合同与中国证券投资基金业协会合同指引不一致的风险、基金未托管风险、基金委托募集的风险、未在中国证券投资基金业协会备案的风险、聘请投资顾问的风险等。

（2）私募基金在投资运作中面临的一般风险：包括资金损失风险、流动性风险、募集失败风险等。

（3）投资者对基金合同中投资者权益相关重要条款的逐项确认：包括当事人权利义务、费用及税收、纠纷解决方式等。

【典型习题】

1. 下列关于私募股权投资基金的募集主体、方式、对象、各方责任，描述错误的是（　　）。

A. 在中国证券投资基金业协会办理私募基金管理人登记的机构，在中国证监会注册取得基金销售业务资格且成为中国证券投资基金业协会会员的机构，可以从事股权投资基金的募集活动，其他任何机构和个人不得从事股权投资基金的募集活动

B. 募集行为包含推介基金，发售基金份额（权益），办理基金份额（权益）认缴、退出等活动

C. 募集方式包括基金管理人自行募集、委托基金销售机构募集

D. 托管人应当履行说明义务、反洗钱义务等相关义务，承担特定对象确定、投资者适当性审查、私募基金推介及合格投资者确认等相关责任

2. 下列不属于私募股权投资基金募集过程中的法律文件的是（　　）。

A. 募集说明书　　B. 合格投资者调查问卷

C. 合格投资者承诺　　D. 投资保证书

3. 私募股权投资基金的募集时，其禁止行为不包括（　　）。

A. 非公开推介

B. 推介材料虚假记载、误导性陈述或者重大遗漏

C. 允许非本机构雇佣的人员进行私募基金推介

D. 推介非本机构设立或负责募集的私募基金

4. 私募基金投资运作中面临的一般风险，不包括（　）。

A. 资金损失风险　　B. 募集失败风险

C. 基金未托管风险　　D. 流动性风险

【参考答案】

1. D　2. D　3. A　4. C

第四节　信息披露管理办法

【教材解读】

考点 1　出台的背景

为了加强私募基金信息披露制度的建设，规范私募基金信息披露义务人向投资者进行披露的内容和方式，并利于保障私募基金投资者知情权，从而保护私募基金投资者合法权益，促进市场资源合理配置，中国证券投资基金业协会出台了《私募投资基金信息披露管理办法》。

考点 2　信息披露的基本要求（表 10－7）

表 10－7　信息披露的基本要求

项　目	内　容
基金募集期间的信息披露	（1）基金基本信息。 （2）管理人基本信息。 （3）基金的投资信息。 （4）基金的募集期限。 （5）基金估值政策、程序和定价模式。 （6）基金合同的主要条款。 （7）基金的申购与赎回安排。 （8）基金管理人最近 3 年的诚信情况说明。 （9）其他事项
基金运行期间的信息披露	（1）季度披露：信息披露义务人在每季度结束之日起 10 个工作日以内向投资者披露信息，包括基金净值、主要财务指标以及投资组合情况等。
基金运行期间的信息披露	（2）年度披露：信息披露义务人在每年结束之日起 4 个月以内向投资者披露报告期末基金净值和基金份额总额、基金的财务情况、基金投资运作情况和运用杠杆情况、投资者账户信息、投资收益分配和损失承担情况、基金管理人取得的管理费和业绩报酬
涉及重大事项的信息披露	信息披露义务人按照基金合同的约定及时向投资者披露

考点 3　违反信息披露要求的后果

中国证券投资基金业协会可视情节轻重，对信息披露义务人及主要负责人采取谈话提醒、书面警示、要求参加强制培训、行业内谴责、加入黑名单等纪律处分。

【典型习题】

1. 私募股权投资基金募集期间，应当在宣传推介材料中向投资者披露的信息不包括(　　)。

A. 基金基本信息

B. 管理人基本信息

C. 基金管理人最近 2 年的诚信情况说明

D. 基金估值政策、程序和定价模式

2. 私募股权投资基金募集期间，涉及重大事项的，信息披露义务人应当按照(　　)的约定及时向投资者披露。

A. 基金合同　　B. 合伙协议

C. 行业惯例　　D. 公司章程

3. 中国证券投资基金业协会可以视情节轻重对信息披露义务人及主要负责人采取(　　)等纪律处分。

A. 拘役、书面警示、要求参加强制培训、行业内谴责、加入黑名单

B. 谈话提醒、拘役、要求参加强制培训、行业内谴责、加入黑名单

C. 谈话提醒、书面警示、拘役、行业内谴责、加入黑名单

D. 谈话提醒、书面警示、要求参加强制培训、行业内谴责、加入黑名单

【参考答案】

1. C　　2. A　　3. D

第五节　内控指引

【教材解读】

考点　各项内控制度要求及其有效运行（表 10－8）

表 10－8　各项内控制度要求及其有效运行

项　目	内　容
专业化原则	管理人应遵循该原则，主营业务清晰，不得兼营与私募基金管理无关或存在利益冲突的其他业务
高管资质	管理人的高级管理人员至少 2 名，其中包括 1 名负责合规风控的高级管理人员
投资者管理	管理人应建立合格投资者适当性制度

续表

项　　目	内　　容
募集遴选	管理人委托募集的，应委托获得中国证监会基金销售业务资格且成为中国证券投资基金业协会会员的机构募集私募基金，制定募集机构遴选制度
财产独立性	管理人应建立财产分离制度，私募基金财产与私募基金管理人固有财产之间、不同私募基金财产之间、私募基金财产和其他财产之间要实行独立运作，分别核算
托管	除基金合同另有约定外，私募基金由基金托管人托管

【典型习题】

1. 下列关于私募投资基金各项内控制度要求及其有效运行的说法，错误的是(　　)。

A. 管理人应遵循合理化原则，主营业务清晰，不得兼营与私募基金管理无关或存在利益冲突的其他业务

B. 管理人应建立合格投资者适当性制度

C. 管理人委托募集的，应当委托获得中国证监会基金销售业务资格且成为中国证券投资基金业协会会员的机构募集私募基金，并制定募集机构遴选制度

D. 管理人应当建立财产分离制度，私募基金财产与私募基金管理人固有财产之间、不同私募基金财产之间、私募基金财产和其他财产之间要实行独立运作，分别核算

2. 私募投资基金管理人应具备至少(　　)名高级管理人员，其中应当包括一名负责合规风控的高级管理人员。

A. 1　　B. 2

C. 3　　D. 4

【参考答案】

1. A　　2. B

第六节　合同指引

【教材解读】

考点　合同指引（表 10－9）

表 10－9　　合同指引

项　　目	内　　容
私募投资基金合同指引类型	根据私募基金的组织形式不同，私募投资基金合同指引可分为 1 号《契约型私募投资基金合同内容与格式指引》、2 号《公司章程必备条款指引》以及 3 号《合伙协议必备条款指引》

续表

项　目	内　容
相关适用范围	《契约型私募投资基金合同内容与格式指引》适用于契约型基金。 《公司章程必备条款指引》适用于公司型基金。 《合伙协议必备条款指引》适用于合伙型基金

【典型习题】

私募投资基金合同指引，根据私募基金的组织形式不同，分为(　　)。

A. 1号《公司章程必备条款指引》、2号《契约型私募投资基金合同内容与格式指引》以及3号《合伙协议必备条款指引》

B. 1号《合伙协议必备条款指引》、2号《公司章程必备条款指引》以及3号《契约型私募投资基金合同内容与格式指引》

C. 1号《契约型私募投资基金合同内容与格式指引》、2号《公司章程必备条款指引》以及3号《合伙协议必备条款指引》

D. 1号《契约型私募投资基金合同内容与格式指引》、2号《合伙协议必备条款指引》以及3号《公司章程必备条款指引》

【参考答案】C

第七节　外包和托管

【教材解读】

考点1　基金业务外包（表10—10）

表10—10　　　基金业务外包

项　目	内　容
外包服务的概念	是指基金业务外包服务机构（以下简称外包机构）为基金管理人提供销售、销售支付、份额登记、估值核算、信息技术系统等业务的服务
外包机构的备案	在中国证券投资基金业协会备案，并加入中国证券投资基金业协会成为会员
尽职调查	基金管理人委托外包机构开展外包活动前，应对外包机构开展尽职调查。外包机构应具备开展外包业务的营运能力和风险承受能力
业务隔离制度	外包服务所涉及的基金资产和客户资产独立于外包机构自有财产。 提供托管服务的，应设立专门的团队与业务系统，外包业务与基金托管业务团队之间建立业务隔离制度

续表

项　　目	内　　容
其他	基金管理人可自行办理其募集的基金产品的销售业务或委托外包机构从事基金销售业务，可委托外包机构办理基金份额（权益）登记，可委托外包机构办理基金估值核算

考点 2　基金业务托管（表 10－11）

表 10－11　　基金业务托管

项　　目	内　　容
基金托管	基金由基金托管人托管，除基金合同另有约定外。基金合同约定基金不托管的，应在基金合同中明确保障基金财产安全的制度措施和纠纷解决机制
基金托管人不得有的行为	（1）将其固有财产或者他人财产混同于基金财产从事投资活动。 （2）不公平地对待其管理的不同基金财产。 （3）利用基金财产或者职务之便，为本人或者投资者以外的人牟取利益，进行利益输送。 （4）侵占、挪用基金财产。 （5）泄露因职务便利获取的未公开信息，利用该信息从事或者明示、暗示他人从事相关的交易活动。 （6）从事损害基金财产和投资者利益的投资活动。 （7）玩忽职守，不按照规定履行职责。 （8）从事内幕交易、操纵交易价格及其他不正当交易活动。 （9）法律、行政法规和中国证监会规定禁止的其他行为
信息披露	基金托管人应当按照合同约定，如实向投资者披露基金投资、资产负债、投资收益分配、基金承担的费用和业绩报酬、可能存在的利益冲突情况以及可能影响投资者合法权益的其他重大信息，不得隐瞒或者提供虚假信息

【典型习题】

1. 外包服务是指基金业务外包机构为(　　)提供销售、销售支付、份额登记、估值核算、信息技术系统等业务的服务。

A. 基金管理人　　B. 基金托管人

C. 基金投资人　　D. 基金经理

2. 外包机构应到(　　)备案，并成为会员。

A. 中国证监会　　B. 中国证券投资基金业协会

C. 中国银监会　　D. 中国证券业协会

3. 私募投资基金托管人不得有的行为不包括(　　)。

A. 公平地对待其管理的不同基金财产

B. 利用基金财产或者职务之便，为本人或者投资者以外的人牟取利益，进行利益输送

C. 泄露因职务便利获取的未公开信息，利用该信息从事或者明示、暗示他人从事相关的交易活动

D. 从事损害基金财产和投资者利益的投资活动

【参考答案】

1. A　2. B　3. A

第八节　从业人员管理

【教材解读】

考点 1　对从业人员从业资格的基本要求

私募股权投资基金管理人，至少 2 名高管人员应取得基金从业资格，其法定代表人/执行事务合伙人（委派代表）、合规/风控负责人应当取得基金从业资格。股权投资基金管理人的合规/风控负责人不得从事投资业务。

考点 2　从业资格的取得方式及维持有效性的条件（表 10－12）

表 10－12　从业资格的取得方式及维持有效性的条件

项　目	内　容
获得从业资格的具体途径	（1）通过考试：通过科目一《基金法律法规、职业道德与业务规范》和科目二《证券投资基金基础知识》考试，或通过科目一《基金法律法规、职业道德与业务规范》和科目三《私募股权投资基金基础知识》考试，成绩合格的，均可申请注册基金从业资格。 （2）通过资格认定：根据中国证券投资基金业协会 2016 年 2 月 5 日发布的《关于进一步规范私募基金管理人登记若干事项的公告》及《私募基金登记备案相关问题解答（九）》，符合条件的私募股权投资基金管理人（含创业投资基金管理人）的高级管理人员可以通过资格认定委员会认定基金从业资格
维持有效性的条件	已取得基金从业资格人员，其基金从业资格每年度完成 15 学时的后续培训方可维持

考点 3　从业人员资格认定的条件（表 10－13）

表 10－13　　从业人员资格认定的条件

项　　目	内　　容
通过科目一考试的私募基金管理人的高级管理人员可申请认定基金从业资格的条件	（1）最近 3 年从事资产管理相关业务，且管理资产年均规模 1000 万元以上。 （2）已通过证券从业资格（不含《证券投资基金》和《证券发行与承销》科目）、期货从业资格、银行从业资格、特许金融分析师（CFA）等金融相关资格考试，或取得注册会计师资格、法律职业资格、资产评估师资格，或担任上市公司董事、监事及高级管理人员等。 符合上述条件之一的，由所在机构或个人向中国证券投资基金业协会提交基金托管人（的托管部门）或基金服务机构出具的最近 3 年的资产管理规模证明，或相关资格证书或证明
股权投资基金管理人（含创业投资基金管理人）的高级管理人员可向中国证券投资基金业协会资格认定委员会申请认定基金从业资格的条件	（1）从事私募股权投资（含创业投资）6 年及以上，且参与并成功退出至少两个项目：符合本条件的，需提交参与项目成功退出证明和两份行业知名人士署名推荐信，推荐信中应当附有推荐人职务及联系方式。 （2）担任过上市公司或实收资本不低于 10 亿元人民币的大中型企业高级管理人员，且从业 12 年及以上：符合本条件的，需提交企业和个人的相关证明和两份行业知名人士署名的推荐信，推荐信中应附有推荐人职务及联系方式。 （3）从事经济社会管理工作 12 年及以上的高级管理人员：符合本条件的，需提交有关组织部门出具的任职证明。 （4）在大专院校、研究机构从事经济、金融等相关专业教学研究 12 年及以上，并获得教授或研究员职称的：符合本条件的，需要提交相关资格证书和两份行业知名人士署名的推荐信，推荐信中应附有推荐人职务及联系方式。 符合上述条件之一的，由所在机构或个人向中国证券投资基金业协会提交以下材料：①个人资格认定申请书；②个人基本情况登记表；③相关证明材料
社会公示	参与资格认定的表决人、推荐人及资格认定结果将通过中国证券投资基金业协会网站的从业人员信息公示平台向社会公示

【典型习题】

1. 私募股权投资基金管理人，至少 2 名高管人员应当取得基金从业资格，其（　　）应当取得基金从业资格。

A. 法定代表人/执行事务合伙人（委派代表）、合规/风控负责人

B. 法定代表人/执行事务合伙人（委派代表）、财务负责人

C. 技术负责人、财务负责人

D. 合规/风控负责人、财务负责人

2. 已取得基金从业资格的人员，应每年度完成(　　)学时的后续培训方可维持其基金从业资格。

A. 5　　B. 10

C. 15　　D. 20

3. 符合(　　)条件的，私募基金管理人的高级管理人员通过《基金法律法规、职业道德与业务规范》这个科目考试的，可申请认定基金从业资格。

A. 最近 2 年从事资产管理相关业务，且管理资产年均规模 800 万元以上

B. 最近 2 年从事资产管理相关业务，且管理资产年均规模 1000 万元以上

C. 最近 3 年从事资产管理相关业务，且管理资产年均规模 800 万元以上

D. 最近 3 年从事资产管理相关业务，且管理资产年均规模 1000 万元以上

4. 符合(　　)条件的私募股权投资基金管理人（含创业投资基金管理人）的高级管理人员，可以向中国证券投资基金业协会资格认定委员会申请认定基金从业资格。

A. 担任过上市公司或实收资本不低于 8 亿元人民币的大中型企业高级管理人员，且从业 12 年及以上

B. 从事私募股权投资（含创业投资）6 年及以上，且参与并成功退出至少两个项目

C. 从事经济社会管理工作 10 年及以上的高级管理人员

D. 在大专院校、研究机构从事经济、金融等相关专业教学研究 10 年及以上，并获得教授或研究员职称的

【参考答案】

1. A　　2. C　　3. D　　4. B

第二部分　实战模拟试卷

实战模拟试卷一

（考试题型均为单项选择题，共100小题，每小题1分，共100分）

1. 下列选项中，(　　)主要投资于“私人股权”，即企业非公开发行和交易股权的投资基金。

A. 不动产投资基金　　B. 贵金属类大宗商品投资基金

C. 私募股权投资基金　　D. 能源类大宗商品投资基金

2. 1953年，美国(　　)成立，该机构直接向美国国会报告，专司促进小企业发展职责。

A. 小企业管理局（SBA）　　B. 创业投资协会（NVCA）

C. 研究与发展公司（ARD）　　D. 德太投资（TPG）

3. 下列关于国际私募股权投资基金的发展现状，表述正确的是(　　)。

A. 投资领域狭小　　B. 规模较小

C. 参与机构多样　　D. 资金来源狭隘

4. 2007年6月，新的(　　)开始实施，各级地方政府为鼓励设立合伙型私募股权投资基金，出台了种类繁多的财税优惠政策，此后各类私募股权投资基金迅速发展起来。

A.《合伙企业法》　　B.《创业投资企业管理暂行办法》

C.《私募投资基金监督管理暂行办法》　　D.《信托法》

5. 相对于证券投资基金，私募股权投资基金具有的特点不包括(　　)。

A. 投后管理投入资源多　　B. 投资期限短、流动性较好

C. 专业性较强　　D. 投资收益波动性较大

6. 私募股权投资基金具有投资收益波动性较大的特点，下列说法中错误的是(　　)。

A. 私募股权投资基金在整个金融资产类别中，属于高风险、高期望收益的资产类别，高风险主要体现为不同投资项目的收益呈现较大的差异性

B. 创业投资基金通常投资于处于早中期的成长性企业，投资项目的收益波动性较大，有的投资项目会发生本金亏损，有的投资项目则可能带来巨大收益

C. 并购基金通常投资于价值被低估但相对成熟的企业，投资项目的收益波动性相对要小一些

D. 高期望收益主要体现为在正常的市场环境中，私募股权投资基金作为一个整

体，其能为投资者实现的投资回报率总体上处于一个较低的水平

7. 在实践中，各方投资者和基金管理人可能会约定，虽然基金达到了存续期限，但是基金所投资的项目仍有一些尚未实现退出时，基金的存续期限可以进行一次或数次延长，通常每次延长不超过(　　)。

A. 3个月　　　　B. 半年

C. 1年　　　　D. 6个月

8. 下列关于私募股权投资基金生命周期中的关键要素的表述，错误的是(　　)。

A. 通常情况下，基金存续达到了约定的期限，就应该进行基金的清算

B. 基金期限分为投资期与管理退出期，基金管理人通常需要在投资期内完成基金的全部投资，在管理退出期内，基金管理人主要负责进行投资后管理及退出投资项目的工作

C. 根据约定，基金投资者在投资期与管理退出期内所收取的基金管理费可能实行相同的费率

D. 多数私募股权投资基金对滚动投资会进行一定的限制，比较多见的是限制在基金存续期的后期阶段进行滚动投资，也有的私募股权投资基金干脆限制在整个基金期限内的滚动投资行为

9. 下列选项中，(　　)投资于有巨大发展潜力的早期企业，通过帮助企业发展壮大获利。

A. 创业投资基金　　　　B. 并购基金

C. 不动产基金　　　　D. 基础设施基金

10. 私募股权投资(　　)是基金产品的募集者和管理者，并负责基金资产的投资运作。

A. 基金投资者　　　　B. 基金管理人

C. 基金服务机构　　　　D. 基金监管机构

11. 私募股权投资基金销售机构，应当为在(　　)注册取得基金销售业务资格并已成为中国证券投资基金业协会会员的机构。

A. 中国银监会　　　　B. 中国证监会

C. 国家发改委　　　　D. 中国证券业协会

12. 中国证券投资基金业协会是我国私募股权投资基金的自律组织，依法对私募股权投资基金业(　　)。

A. 开展行业自律，协调行业关系，提供行业服务，促进行业发展

B. 业务活动实施监督管理，协调行业关系

C. 开展托管业务，并协调行业关系

D. 提供法律服务，促进行业发展

13. 创业投资属于(　　)的投资，流动性较差，一般需要5～10年方能有显著的投资回报。

A. 经济性　　　　B. 长期性

C. 合理性　　　　D. 安全性

14. 下列基金类型中，(　　)是指主要投资于土地以及建筑物等土地定着物的私募股权投资基金。

A. 创业投资基金　　B. 并购基金

C. 不动产基金　　D. 基础设施基金

15. 关于基础设施基金，下列描述中错误的是(　　)。

A. 基础设施基金是标准化基金

B. 基础设施基金作为产业投资基金的一种，主要针对交通、城市基础设施等资金需求大、投资回收期长的基础设施产业

C. 基础设施基金集中投资、控股为主

D. 基金投资资产很少变现退出，而是长期持有，为满足投资者对基金流动性的需求，基金在设立一段时间后，将基金本身上市，为原始投资者提供退出和实现资本利得的机会

16. 定增基金有限售锁定期，发行股份自上市之日起(　　)个月内不得转让。

A. 4　　B. 8

C. 12　　D. 16

17. 公司型基金(　　)既是基金份额持有者又是公司股东，按照公司章程行使相应权利、承担相应义务和责任。

A. 管理人　　B. 投资人

C. 托管人　　D. 合伙人

18. 下列关于有限合伙形式的私募股权基金具有的特点，说法错误的是(　　)。

A. 内部治理结构精简灵活　　B. 设立门槛高

C. 决策程序高效　　D. 设立程序简便

19. 契约型基金的参与主体主要为(　　)。

A. 注册登记机构、基金管理人及基金托管人

B. 基金投资者、注册登记机构及基金托管人

C. 基金投资者、基金管理人及基金托管人

D. 基金投资者、基金管理人及注册登记机构

20. 下列选项中，(　　)是指中国国籍自然人或根据中国法律注册成立的公司、企业或其他经济组织依据中国法律在中国境内发起设立的主要以人民币对中国境内非公开交易股权进行投资的私募股权投资基金。

A. 内资人民币私募股权投资基金　　B. 外资人民币私募股权投资基金

C. 外币私募股权投资基金　　D. 人民币私募股权投资基金

21. 我国私募股权投资基金业在发展早期以(　　)为主。

A. 混合型私募股权投资基金和外币私募股权投资基金

B. 外资人民币私募股权投资基金和外币私募股权投资基金

C. 外资人民币私募股权投资基金和混合型私募股权投资基金

D. 产业私募股权投资基金和外币私募股权投资基金

22. 母基金发展初期主要从事(　　)业务。

A. 一级投资　　B. 二级投资

C. 直接投资　　D. 三级投资

23. 母基金管理人通常拥有全面的股权投资的知识、人脉和资源，在对私募股权投资基金进行投资时，有利于作出正确的投资决策，充分体现了私募股权投资基金具有(　　)的特点。

A. 风险分散　　B. 专业化管理

C. 投资机会　　D. 保有规模

24. 政府引导基金是由政府财政出资设立并按市场化方式运作的、在投资方向上具有一定导向性的政策性基金，通常通过投资于创业投资基金，引导社会资金进入(　　)领域。

A. 成熟期创业投资　　B. 早期创业投资

C. 导入期创业投资　　D. 成长期创业投资

25. 由于(　　)拥有相当的规模，能够吸引、留住及聘用行业内最优秀的投资人才，中小投资者很少具有足够的资源来吸引类似规模及品质的投资团队。

A. 契约型基金　　B. 人民币私募股权投资基金

C. 公司型基金　　D. 私募股权投资母基金

26. 下列基金中，(　　)作为私募股权投资基金的专业投资者，通常与私募股权投资基金具有良好的长期关系，因此，有机会投资于这些优秀的基金。

A. 契约型基金　　B. 人民币私募股权投资基金

C. 公司型基金　　D. 私募股权投资母基金

27. 关于私募股权投资基金的募集行为，下列说法中正确的是(　　)。

A. 私募股权投资基金的募集，是指私募股权投资基金管理人或者受其委托的募集服务机构向投资者募集资金用于设立私募股权投资基金的行为

B. 基金的募集只有自行募集，不包括委托募集

C. 委托募集就是由发起人自行拟定资本募集说明材料、寻找投资人的基金募集方式

D. 自行募集，是指基金发起人委托第三方机构代为寻找投资人或借用第三方的融资通道来完成资金募集工作，并支付相应服务费或者“通道费”

28. 我国私募股权投资基金管理机构开展基金募集行为，需要在(　　)登记成为基金管理人。

A. 中国证券投资基金业协会　　B. 中国证券业协会

C. 中国银监会　　D. 中国证监会

29. 从事私募股权投资基金募集业务的人员，应当具有基金从业资格，需遵守法律、行政法规和(　　)的自律规则，恪守职业道德和行为规范。

A. 中国证券投资基金业协会　　B. 中国证监会

C. 中国银监会　　D. 中国证券业协会

30.《私募投资基金募集行为管理办法》规定，募集机构或相关合同约定的责任主体应当开立私募基金募集结算资金专用账户，用于(　　)等，确保资金原路返还。

A. 协调行业关系、向投资者分配收益、给付赎回款项以及分配基金清算后的剩余基金财产

B. 统一归集私募基金募集结算资金、协调行业关系、给付赎回款项以及分配基金清算后的剩余基金财产

C. 统一归集私募基金募集结算资金、向投资者分配收益、协调行业关系以及分配基金清算后的剩余基金财产

D. 统一归集私募基金募集结算资金、向投资者分配收益、给付赎回款项以及分配基金清算后的剩余基金财产

31. 下列关于投资者非法拆分，说法错误的是(　　)。

A. 基金拆分主要包括份额拆分和收益权拆分

B. 份额拆分和收益权拆分都会突破合格投资者的标准，因此被严格禁止

C. 任何机构和个人不得为规避合格投资者标准，募集以基金份额或其收益权为投资标的的金融产品，或者将基金份额或其收益权进行非法拆分转让，变相突破合格投资者及其人数标准

D. 投资者应当以口头方式承诺其为自己购买基金，任何机构和个人不得以非法拆分转让为目的购买基金

32. 私募股权投资基金的募集流程中，最后一个程序是回访确认。下列关于回访内容的表述，错误的是(　　)。

A. 确认受访人是否为投资者本人或机构

B. 确认投资者是否为自己购买了该基金产品以及投资者是否按照要求提供相关身份信息

C. 确认投资者是否已经阅读并理解基金合同和风险揭示的内容

D. 确认投资者的风险识别能力及风险承担能力是否与所投资的基金产品相匹配

33. 我国现行的私募股权投资基金组织形式主要为(　　)。

A. 直瀑型、合伙型及契约型　　B. 公司型、直瀑型及契约型

C. 公司型、合伙型及契约型　　D. 公司型、合伙型及直瀑型

34. 私募股权投资基金的资金来源主要为各类机构投资者和高净值个人客户，基金投向则以未上市企业的股权和已上市企业的非公开交易股权为主，基金的资金规模通常较大、投资周期相对较长，因此私募股权投资基金通常采用(　　)。

A. 事前监督制　　B. 事中监督制

C. 承诺资本制　　D. 内部稽核制

35. 公司型基金的最高权力机构是(　　)。

A. 股东大会（股东会）　　B. 监事会（监事）

C. 董事会（执行董事）　　D. 合规与风险管理委员会

36. 在实务中，(　　)的收益分配原则、时点和顺序可在更大自由度内进行适应性安排。

A. 混合型基金　　B. 契约型基金

C. 公司型基金　　D. 合伙型基金

37. 关于公司型基金的设立步骤与备案，下列说法中错误的是(　　)。

A. 根据相关法律法规对企业名称的特别规定为企业准备名称，并根据所在地工商登记机构的流程要求进行名称预先核准

B. 公司营业执照签发日期为公司成立日期

C. 按照现行自律规则的要求，基金管理人应当在基金募集完毕后限定时间内通过中国证券投资基金业协会的产品备案系统进行备案，根据要求如实填报相关基本信息

D. 有限责任公司型基金由董事会向公司登记机关申请设立登记，股份公司型基金则是由全体股东指定的代表或者共同委托的代理人向公司登记管理机关申请设立登记

38. 根据现行相关规定，如果有限合伙人为自然人，两类收入均按照投资者个人的“生产、经营所得”，适用(　　)的超额累进税率，计缴个人所得税。

A. 1%～15%　　　　B. 2%～25%

C. 3%～35%　　　　D. 5%～35%

39. 下列关于公司型基金投资者和基金管理人的基础法律关系的说法，错误的是(　　)。

A.《公司法》规定，公司的控股股东、实际控制人、董事、监事、高级管理人员不得利用其关联关系损害公司利益。违反前款规定，给公司造成损失的，应当承担赔偿责任

B. 公司型基金的基金份额的持有方式是成为公司的股东，即投资人通过认缴出资或认购股份成为公司股东，从而依法享有相应的股东权利，同时承担在《公司法》中的各条款中约定的董事，股东、高级管理人员可能的民事、行政和刑事法律责任

C. 公司型基金的组织形式更多体现资合的属性，股权转让通常不对基金带来直接的影响，股权转让需符合《公司法》相关条款的规定，但限制相对较少

D. 作为股东的基金份额持有人对基金的投资与运营管理参与方式，主要是通过可能参与股东大会以对基金的投资活动产生影响

40. 公司型基金合同的法律形式为(　　)。

A. 基金合同　　　　B. 公司章程

C. 合伙协议　　　　D. 合规责任

41. 一个完整的私募股权投资基金投资流程通常包括(　　)等主要阶段。

A. 项目可行性分析、项目初审、项目立项、签署投资备忘录、尽职调查、投资决策、签署投资协议、投资后管理、项目退出

B. 项目收集、项目可行性分析、项目立项、签署投资备忘录、尽职调查、投资决策、签署投资协议、投资后管理、项目退出

C. 项目收集、项目初审、项目可行性分析、签署投资备忘录、尽职调查、投资决策、签署投资协议、投资后管理、项目退出

D. 项目收集、项目初审、项目立项、签署投资备忘录、尽职调查、投资决策、签署投资协议、投资后管理、项目退出

42. 私募股权投资基金投资流程中，项目完成立项后，通常会与项目企业签署(　　)。

A. 合伙协议　　　　B. 基金合同
C. 合规管理协议　　　　D. 投资备忘录

43. 私募股权投资基金投资流程中，投资决策委员会审查同意进行投资的企业或项目，经法律顾问审核相关合同协议后，由授权代表与被投资方签署(　　)。

A. “增资协议”或“股权转让协议”等投资协议、“减资协议”或“合资协议”以及相关补充协议

B. “增资协议”或“股权转让协议”等投资协议、“股东协议”或“减资协议”以及相关补充协议

C. “增资协议”或“股权转让协议”等投资协议、“股东协议”或“合资协议”以及相关补充协议

D. “增资协议”或“股权转让协议”等投资协议、“股东协议”或“互换协议”以及相关补充协议

44. 业务尽职调查涵盖了企业商业运作中涉及的各种事项，包括(　　)等问题。

A. 历史经营业绩、竞争地位、客户关系、定价能力、供应链、环保和监管
B. 市场分析、历史经营业绩、客户关系、定价能力、供应链、环保和监管
C. 市场分析、竞争地位、客户关系、定价能力、供应链、环保和监管
D. 市场分析、竞争地位、客户关系、历史经营业绩、供应链、环保和监管

45. 财务尽职调查使用的分析工具包括(　　)等。

A. 经验分析、结构分析　　　　B. 趋势分析、结构分析
C. 趋势分析、经验分析　　　　D. 经验分析、行业分析

46. 尽职调查的操作流程一般包括(　　)等几个阶段。

A. 制订风险分析计划、调查及收集资料、起草尽职调查报告与风险控制报告、进行内部复核、设计投资方案

B. 制订调查计划、评估风险分析计划、起草尽职调查报告与风险控制报告、进行内部复核、设计投资方案

C. 制订调查计划、调查及收集资料、评估风险分析计划、进行内部复核、设计投资方案

D. 制订调查计划、调查及收集资料、起草尽职调查报告与风险控制报告、进行内部复核、设计投资方案

47. 业务尽职调查内容主要包括(　　)。

A. 业务内容，即企业基本情况、管理团队、产品/服务、市场、发展战略、融资运用、风险分析

B. 主要股东/实际控制人/团队

C. 客户、供应商和竞争对手

D. 环境分析

48. 早期创业投资基金较常用的方法是(　　)，定增基金、并购基金等也往往以之作为参考。

A. 相对估值法　　　　B. 价值法

C. 成本法　　　　　　　　　　　　　　D. 经济增加值法

49. 相对估值法是指将企业的主要财务指标乘以根据行业或参照企业计算的估值乘数，从而获得对企业股权价值的估值参考结果，包括(　　)等多种方法。

A. 折价率、市现率、市净率和市售率 B. 市盈率、折价率、市净率和市售率

C. 市盈率、市现率、市净率和市售率 D. 市盈率、市现率、市净率和折价率

50. 市净率（P/B）也称市账率，等于(　　)。

A. 企业股权价值与股东权益账面价值的比值

B. 企业股权价值与税息折旧摊销前收益的比值

C. 企业股权价值与年销售收入的比值

D. 企业股权价值与净利润的比值

51. 下列关于公司自由现金流量贴现模型的说法，错误的是(　　)。

A. 相比于股权自由现金流量，公司自由现金流量当中增加了流向债权人和优先股股东的现金流，贴现时所采用的贴现率不再是权益资本成本，而是公司的加权平均资本成本 *WACC*

B. 公司自由现金流量的贴现模型可以表示为：$EV = FC + \sum_{t=1}^{+\infty} \frac{FCFE_t}{(1+K_e)^t}$

C. 自由现金流量（*FCFF*）是归属于公司股东和债权人的现金流量，是指公司经营活动产生的现金流量在扣除业务发展的投资需求后能够分配给资本提供者的现金流量

D. 就公司自由现金流量来说，一般是采用加权平均资本成本作为所选择的贴现率

52. 私募股权投资基金采用经济增加值法估值时，下列说法错误的是(　　)。

A. 经济增加值（*EVA*）是一种新型的公司业绩衡量指标

B. 经济增加值（*EVA*）比较准确地反映了公司在一定时期内为股东创造的价值，即企业价值除了资产的账面价值之外，还有管理团队经营成果贡献的价值

C. 经济增加值法的基本理念是资本获得的收益至少要能补偿投资者承担的风险，即股东必须赚取至少等于资本市场上类似风险投资回报的收益率，产生剩余收入或经济利润

D. 经济增加值（*EVA*）＝税后净营业利润＋资本成本

53. 私募股权投资基金对于目标企业的估值主要依据企业现时的经营业绩以及对未来经营业绩的预测，因此这种估值存在一定的不确定性。为了应对估值风险，股权投资基金有时会在投资协议中约定(　　)。

A. 估值调整条款　　　　　　　　　　B. 估值条款

C. 回购条款　　　　　　　　　　　　D. 反摊薄条款

54. 投资协议和投资备忘录中的(　　)目的是确保不会因公司以更低的发行价进行新一轮融资而导致投资人的股权被稀释从而投资被贬值。

A. 估值调整条款　　　　　　　　　　B. 估值条款

C. 回购条款　　　　　　　　　　　　D. 反摊薄条款

55. 私募股权投资基金的投资后阶段信息获取的主要渠道不包括(　　)。

A. 关注被投资企业经营状况

B. 日常联络和沟通工作

C. 关注行业资讯

D. 参与被投资企业股东大会（股东会）、董事会、监事会

56. 下列选项中，（　　）是公司的最高权力机构，由全体股东组成，负责修改公司章程，聘任和解聘公司董事，公司上市、增资、减资、利润分配，审批重大关联交易等重大事项的决策。

A. 监事会　　B. 证监会

C. 董事会　　D. 股东大会（股东会）

57. 私募股权投资基金投资后阶段的监控指标中，管理指标主要包括（　　）等。

A. 网点建设、经营风险控制情况、股东关系与公司治理、高级管理人员尽职与异动情况、重大经营管理问题、危机事件处理情况

B. 公司战略与业务定位、网点建设、股东关系与公司治理、高级管理人员尽职与异动情况、重大经营管理问题、危机事件处理情况

C. 公司战略与业务定位、经营风险控制情况、股东关系与公司治理、高级管理人员尽职与异动情况、重大经营管理问题、危机事件处理情况

D. 公司战略与业务定位、经营风险控制情况、网点建设、高级管理人员尽职与异动情况、重大经营管理问题、危机事件处理情况

58. 私募股权投资基金对被投资企业的监控通常会采取的方式不包括（　　）。

A. 跟踪协议条款执行情况　　B. 监控被投资企业财务状况

C. 完善公司章程　　D. 参与被投资企业重大经营决策

59. 私募股权投资基金所提供的增值服务的成功与否将对被投资企业的经营业绩产生重要影响，提供增值服务的目的就是（　　）。

A. 要使被投资企业快速健康发展，在降低投资风险的同时，早日实现投资退出，获取最大化的投资回报

B. 使被投资企业尽快实现企业章程的完善

C. 保证投资效率和资金安全

D. 以保证企业相关制度的完善

60. 首次公开发行上市（IPO）是在被投资企业经营达到理想状态时进行的，私募股权投资基金通过企业上市将其拥有的不可流通的股份转变成可以在公开市场上流通的股份，通过股票在公开市场转让实现（　　）。

A. 投资退出和资本增值　　B. 完善公司治理结构

C. 再融资服务和资本增值　　D. 规范财务管理系统

61. 下列选项中，（　　）是国内最重要的证券市场，一般对企业的资本条件、盈利水平等指标要求都比较高。

A. 主板市场　　B. 中小企业板市场

C. 期货市场　　D. 创业板市场

62. 根据现行上市规则，境内主板上市要满足相关要求。其中一个要求是发行人财

务状况良好的要求，下列说法中，正确的是(　　)。

A. 最近2个会计年度净利润均为正数且累计超过人民币3000万元，净利润以扣除非经常性损益前后较低者为计算依据

B. 最近2个会计年度经营活动产生的现金流量净额累计超过人民币5000万元，或者最近3个会计年度营业收入累计超过人民币3亿元

C. 发行前股本总额不少于人民币3000万元

D. 最近一期期末无形资产（扣除土地使用权、水面养殖权和采矿权等后）占净资产的比例不高于10%

63. 根据现行上市规则，我国创业板上市要满足最近两年连续盈利，最近两年净利润累计不少于(　　)的要求。

A. 500万元　　B. 1000万元

C. 1500万元　　D. 2000万元

64. 私募股权投资基金的项目在境内申报上市流程中，上市前辅导的紧后流程是(　　)。

A. 上市申报和核准　　B. 股票上市及后续

C. 促销和发行　　D. 成立股份公司

65. 竞价交易制度主要内容是开市价格由(　　)形成，随后交易系统对不断进入的投资者交易指令，按价格优先与时间优先原则排序，将买卖指令配对竞价成交。

A. 间断竞价　　B. 连续竞价

C. 分开竞价　　D. 集合竞价

66. 根据(　　)的不同，上市公司股份协议转让可以分为流通股协议转让和非流通股协议转让。

A. 转让股份类型　　B. 转让情形

C. 转让主体类型　　D. 流通类型

67. 下列关于间接上市流程的说法，错误的是(　　)。

A. 非上市公司控制上市公司后，通过上市公司收购非上市公司的资产，将非上市公司的有关业务和资产注入上市公司中去，从而实现重组上市的目的

B. 重组上市是指一家非上市公司通过把资产注入一家已上市公司，从而得到该公司一定程度的控股权，利用其上市公司地位，原非上市公司得以间接上市

C. 上市公司以非公开发行方式直接向收购方发行股份购买其资产，从而达到重组上市的目的

D. 非上市公司首先通过协议或直接一级市场购买等方式取得上市公司控制权是重组上市的路径之一

68. 对于有限责任公司，其股权转让分为内部转让和外部转让两种类型。其中关于外部股权转让的程序，下列描述正确的是(　　)。

A. 股权转让方与受让方对股权转让事宜进行初步谈判，并可签署股权转让意向书，约定受让方对目标公司开展尽职调查的相关安排、受让方在一定期间内的独家谈判权以及双方的保密义务等

B. 按照可行性研究报告书的约定，股权受让方可聘请法律、财务、商务等专业中介机构对目标公司进行尽职调查

C. 履行必需的法律程序，转让方股权转让必须符合信托法的规定，有些股权转让行为需要得到政府主管部门的批准

D. 向人力资源行政管理部门申请公司变更登记

69. 国家出资企业应当制定其子企业股权转让管理制度，确定(　　)管理权限。

A. 备案　　　　B. 登记

C. 注册　　　　D. 审批

70. 国有企业股权非上市转让交易的转让方可根据企业实际情况和工作进度安排，采取信息预披露和正式披露相结合的方式，通过(　　)分阶段对外披露产权转让信息，公开征集受让方。

A. 产权交易机构网站　　　　B. 上海证券交易所网站

C. 中证指数公司网站　　　　D. 深圳证券交易所网站

71. 由于国有股权非上市转让须履行特定的审批程序，在涉及国有股权转让协议的效力时，(　　)。

A. 并非签订就生效，需要附加生效条件，在前期的审批、评估各项工作完成后，获得各部门批准后方能生效

B. 签订就生效

C. 签订之后再附加一部分条款再生效

D. 在后期的审批、评估各项工作完成后，获得各部门批准后方能生效

72. 当私募股权投资基金通过并购的方式退出被投资企业时，股权投资基金作为卖方参与交易。下列关于并购的流程的描述，错误的是(　　)。

A. 选择并购顾问属于前期准备阶段的工作

B. 在尽职调查阶段，投资银行将联系有针对性的潜在买家

C. 资产评估一般委托独立的资产评估机构完成，价值评估的目的之一在于估算出股权投资基金并购退出的价值份额

D. 协商履约阶段的谈判主要涉及支付方式与期限、交接时间与方式、有关手续的办理与配合等问题

73. 清算退出的流程和方法中，清算组在催告债权人申报债权的同时，应当调查和清理公司的财产；根据债权人的申请和调查清理的情况编制(　　)。

A. 还本付息表、财产清单和债权、债务目录

B. 公司资产负债表、还本付息表、债务目录

C. 公司资产负债表、财产清单和债权、债务目录

D. 公司资产负债表、财产清单和债权、还本付息表

74. 私募股权投资基金的募集阶段，投资者互动的重点内容不包括向投资者(　　)。

A. 普及股权投资相关法律常识

B. 介绍股权投资基础知识

C. 介绍股权投资基金管理人基本情况

D. 介绍投资项目的退出预期、退出方式

75. 私募股权投资基金的退出阶段，与投资者互动的重点是(　　)等。

A. 介绍公司经营管理情况、退出方式、已向投资者返还的投资本金及收益情况

B. 介绍投资项目的退出预期、公司经营管理情况、已向投资者返还的投资本金及收益情况

C. 介绍投资项目的退出预期、退出方式、公司经营管理情况及收益情况

D. 介绍投资项目的退出预期、退出方式、已向投资者返还的投资本金及收益情况

76. 在投资及投后管理阶段以及退出阶段，基金管理人主要通过(　　)等方式与投资者进行互动交流。

A. 定期基金报告、投资者交流年会　　B. 风险调查问卷、投资者交流年会

C. 定期基金报告、风险调查问卷　　D. 风险调查问卷、风险揭示书

77. 有限责任公司型股权投资基金投资者人数不得超过(　　)人，有一定的人合性特征，投资者（股东）可以相互转让其持有的股权，但对外转让一般需经其他股东过半数同意，且其他股东有优先受让权。

A. 30　　B. 40

C. 50　　D. 60

78. 公司型股权投资基金设立，应向工商管理机关办理注册登记手续，并向(　　)备案。

A. 中国银监会　　B. 中国证券投资基金业协会

C. 中国证券业协会　　D. 中国证监会

79. 合伙型股权投资基金的出资，可根据(　　)的约定，在一定的时间进行实缴。

A. 基金合同　　B. 合伙协议

C. 公司章程　　D. 基金招募说明书

80. 下列关于合伙型股权投资基金的增资、退出、权益分配与清算退出，说法错误的是(　　)。

A. 合伙人权益的变更需要办理工商变更登记手续，其权益以工商登记确认的为准

B. 合伙型股权投资基金的投资者，在符合法律规定及合伙协议约定的情况下，可以办理退伙，具体退伙程序以合伙协议的约定为准，退伙时对于其合伙份额对应的资产，可货币形式及实物资产方式分配

C. 合伙型股权投资基金财产在支付清算费用和职工工资、社会保险费用、法定补偿金以及缴纳所欠税款、清偿债务后的剩余财产，向合伙人进行分配

D. 合伙型股权投资基金增资、减资、合伙人变更，以及终止清算的，应向检察机关办理变更登记、注销手续

81. 下列关于基金份额净值的说法，错误的是(　　)。

A. 基金份额净值是衡量基金申购、赎回价格的基础

B. 基金份额净值是计算投资者申购基金份额、赎回基金金额的基础

C. 基金份额净值通过基金资产净值除以基金总份额获得

D. 基金全部资产加上基金所有负债即是基金资产净值

82. 对不存在活跃市场的投资品种，应(　　)。

A. 最近交易市价确定公允价值

B. 采用市价确定公允价值

C. 根据具体情况与基金托管人进行商定，按最能恰当反映公允价值的价格估值

D. 采用市场参与者普遍认同，且被以往市场实际交易价格验证具有可靠性的估值技术确定公允价值

83. 私募股权投资基金在运作过程中，可能产生的费用包括但不限于(　　)等。

A. 销售费用、托管费、第三方服务费用、筹建费用、基金管理人的业绩报酬

B. 管理费、销售费用、第三方服务费用、筹建费用、基金管理人的业绩报酬

C. 管理费、托管费、销售费用、筹建费用、基金管理人的业绩报酬

D. 管理费、托管费、第三方服务费用、筹建费用、基金管理人的业绩报酬

84. 下列选项中，(　　)是指基金遇有合同规定或法定事由终止时对基金财产进行清理处理的善后行为。

A. 基金清算　　　　B. 基金复核

C. 基金管理　　　　D. 基金募集

85. 下列不属于私募股权投资基金的信息披露内容的是(　　)。

A. 不可能存在的利益冲突　　　　B. 基金合同

C. 招募说明书等宣传推介文件　　　　D. 基金销售协议中的主要权利义务条款

86. 私募股权投资基金的信息披露义务人向投资者进行信息披露的内容、披露频度、披露方式、披露责任以及信息披露渠道等事项，应当在(　　)中进行约定。

A. 合伙协议　　　　B. 公司章程

C. 基金合同　　　　D. 行业规范

87. 基金外包服务包括的主要内容有(　　)等业务的服务。

A. 募资、销售支付、份额登记、估值核算、信息技术系统

B. 销售、募资、份额登记、估值核算、信息技术系统

C. 销售、销售支付、募资、估值核算、信息技术系统

D. 销售、销售支付、份额登记、估值核算、信息技术系统

88. 内部控制应当覆盖包括各项业务、各个部门和各级人员，并涵盖资金募集、投资研究、投资运作、运营保障和信息披露等主要环节，体现了基金管理人内部控制的(　　)原则。

A. 全面性　　　　B. 相互制约

C. 执行有效　　　　D. 独立性

89. 私募股权投资基金的管理人内部控制的原则主要包括(　　)。

A. 经济性原则、相互制约原则、执行有效原则、独立性原则、成本效益原则、适时性原则

B. 全面性原则、经济性原则、执行有效原则、独立性原则、成本效益原则、适时性原则

C. 全面性原则、相互制约原则、经济性原则、独立性原则、成本效益原则、适时性原则

D. 全面性原则、相互制约原则、执行有效原则、独立性原则、成本效益原则、适时性原则

90. 下列选项中，(　　)应当贯穿于私募股权投资基金管理人资金募集、投资研究、投资运作、运营保障和信息披露等主要环节的始终。

A. 授权控制　　B. 约束控制

C. 机制控制　　D. 风险控制

91. 2013 年 6 月 1 日，新修订的《证券投资基金法》施行，该法第十章对非公开募集基金作了原则性的规定，并授权(　　)进行细化监管。

A. 中国银监会　　B. 中国证监会

C. 中国证券投资基金业协会　　D. 中国证券业协会

92. 在(　　)环节，不对基金管理人和基金进行前置审批，而是基于中国证券投资基金业协会的登记备案信息，进行事后行业信息统计、风险监测和必要的检查。

A. 基金托管　　B. 信息披露

C. 市场准入　　D. 行业自律

93. 关于单只基金的投资者人数限制的说法，错误的是(　　)。

A. 单只股权投资基金的投资者人数累计不得超过《证券投资基金法》《公司法》《合伙企业法》等法律规定的特定数量

B. 契约型股权投资基金根据《证券投资基金法》的规定，投资者人数不得超过 200 人

C. 公司型股权投资基金根据《公司法》的规定，采取有限责任公司形式的股权投资基金，投资者人数不得超过 50 人

D. 合伙型股权投资基金根据《合伙企业法》的规定，投资者人数不得超过 40 人(含普通合伙人)

94. 根据《私募投资基金监督管理暂行办法》，下列对创业投资基金的差异化监管的描述，错误的是(　　)。

A. 鼓励和引导创业投资基金投资创业早期的小微企业

B. 国家对符合条件的创业投资基金给予财政税收扶持

C. 享受国家财政税收扶持政策的创业投资基金，其投资范围应当符合国家相关规定

D. 中国银监会及其派出机构对创业投资基金在投资方向检查等环节，采取区别于其他私募基金的差异化监督管理

95. 私募股权投资基金在资金募集过程中，避免非法集资的有效方式不包括(　　)。

A. 严守行业底线　　B. 坚守私募原则

C. 坚持公平公正原则　　D. 杜绝保底保收益

96. 有限责任公司的清算组由股东组成，股份有限公司的清算组由董事或者股东大

会确定的人员组成。清算组应当自成立之日起 10 日内通知债权人，并于(　　)日内在报纸上公告。

A. 30　　B. 40

C. 50　　D. 60

97. 被注销登记的私募基金管理人若因真实业务需要，可按要求重新申请私募基金管理人登记。对符合要求的申请机构，(　　)将以在官方网站公示私募基金管理人基本情况的方式，为该申请机构再次办结登记手续。

A. 中国证券投资基金业协会　　B. 中国证监会

C. 中国银监会　　D. 中国证券业协会

98. 下列选项中，(　　)要求基金管理人提交法律意见书，引入法律中介机构的尽职调查，是对私募股权投资基金登记备案制度的进一步完善和发展，有利于保护投资者利益，规范私募股权投资基金行业守法合规经营，防止登记申请机构的道德风险外溢。

A. 中国证券投资基金业协会　　B. 中国证监会

C. 中国银监会　　D. 中国证券业协会

99. 私募基金的特殊风险，包括(　　)等。

A. 基金合同与中国证券投资基金业协会合同指引不一致的风险、流动性风险、基金委托募集的风险、未在中国证券投资基金业协会备案的风险、聘请投资顾问的风险

B. 基金合同与中国证券投资基金业协会合同指引不一致的风险、基金未托管风险、流动性风险、未在中国证券投资基金业协会备案的风险、聘请投资顾问的风险

C. 基金合同与中国证券投资基金业协会合同指引不一致的风险、基金未托管风险、基金委托募集的风险、流动性风险、聘请投资顾问的风险

D. 基金合同与中国证券投资基金业协会合同指引不一致的风险、基金未托管风险、基金委托募集的风险、未在中国证券投资基金业协会备案的风险、聘请投资顾问的风险

100. 下列关于私募投资基金业务外包的说法，错误的是(　　)。

A. 基金管理人委托外包机构开展外包活动前，应对外包机构开展项目立项

B. 外包机构应具备开展外包业务的营运能力和风险承受能力

C. 外包服务所涉及的基金资产和客户资产应独立于外包机构的自有财产

D. 基金管理人可以自行办理其募集的基金产品的销售业务或委托外包机构从事基金销售业务，可委托外包机构办理基金份额（权益）登记，可委托外包机构办理基金估值核算

实战模拟试卷一参考答案

1. C	2. A	3. C	4. A	5. B
6. D	7. C	8. C	9. A	10. B
11. B	12. A	13. B	14. C	15. A
16. C	17. B	18. B	19. C	20. A
21. B	22. A	23. B	24. B	25. D
26. D	27. A	28. A	29. A	30. D
31. D	32. B	33. C	34. C	35. A
36. D	37. D	38. D	39. D	40. B
41. D	42. D	43. C	44. C	45. B
46. D	47. D	48. A	49. C	50. A
51. B	52. D	53. A	54. D	55. C
56. D	57. C	58. C	59. A	60. A
61. A	62. C	63. B	64. A	65. D
66. A	67. D	68. A	69. D	70. A
71. A	72. B	73. C	74. D	75. D
76. A	77. C	78. B	79. B	80. D
81. D	82. D	83. D	84. A	85. A
86. C	87. D	88. A	89. D	90. A
91. B	92. C	93. D	94. D	95. C
96. D	97. A	98. A	99. D	100. A

实战模拟试卷二

（考试题型均为单项选择题，共 100 小题，每小题 1 分，共 100 分）

1. 下列关于私募股权投资基金的说法，错误的是（　　）。

A. 与货币市场基金、固定收益证券等“低风险、低期望收益”资产相比，私募股权投资基金这一资产类别在投资者的资产配置中通常具有“高风险、高期望收益”的特点

B. 私人股权包括未上市企业和上市企业非公开发行和交易的普通股、依法可转换为普通股的优先股和可转换债券

C. 在国际市场上，私募股权投资基金只能以非公开方式募集

D. 所谓“私募股权投资基金”的准确含义应为“私募类私人股权投资基金”

2. 1973 年美国（　　）成立，标志着创业投资在美国发展成为专门行业。

A. 小企业管理局（SBA）　　B. 创业投资协会（NVCA）

C. 研究与发展公司（ARD）　　D. 德太投资（TPG）

3. 美国于 2010 年出台了（　　），对原有的法律体系作出了进一步修订与补充，提升了私募股权投资基金监管的审慎性。

A.《另类基金管理人指引》　　B.《小企业投资公司计划》

C.《创业投资基金管理人指引》　　D.《多德—弗兰克法案》

4. 下列关于我国私募股权投资基金发展的现状的描述，错误的是（　　）。

A. 市场规模增长迅速，当前我国已成为全球第二大股权投资市场

B. 市场主体丰富，行业从发展初期阶段的政府和国有企业主导逐步转变为市场化主体主导

C. 我国私募股权投资基金行业经过 70 多年的发展，成为仅次于银行贷款和 IPO 的重要融资手段

D. 有力地促进了创新创业和经济结构转型升级，股权投资基金行业有力地推动了直接融资和资本市场在我国的发展，为互联网等新兴产业在我国的发展发挥了重大作用

5. 私募股权投资基金的运作流程是其实现（　　）的全过程。

A. 制度完善　　B. 分化管理

C. 资本增值　　D. 统一管理

6. 私募股权投资基金的基金份额流动性较差，在（　　）前，基金份额的转让或投资者的退出都具有一定难度。

A. 基金清算　　B. 基金募集

C. 基金管理　　D. 基金投资

7. 私募股权投资基金的市场参与主体主要包括（　　）。

A. 监管机构、管理人和第三方服务机构
B. 投资者、监管机构和第三方服务机构
C. 投资者、管理人和第三方服务机构
D. 投资者、管理人和监管机构

8. 在基金募集过程中，私募股权投资基金通常采用(　　)。

A. 防火墙制度　　B. 国际标准制
C. 行业标准制　　D. 承诺资本制

9. 私募股权投资基金是投资基金领域的重要组成部分，对于解决(　　)具有重要作用。

A. 大型企业融资难、促进公共安全、支持企业重组重建、推动产业转型升级
B. 大型企业融资难、促进创新创业、支持企业重组重建、推动产业转型升级
C. 中小企业融资难、促进创新创业、支持企业重组重建、推动产业转型升级
D. 中小企业融资难、促进公共安全、支持企业重组重建、推动产业转型升级

10. 私募股权投资(　　)是基金的出资人、基金资产的所有者和基金投资回报的受益人。

A. 基金投资者　　B. 基金管理人
C. 基金服务机构　　D. 基金监管机构

11. 下列关于私募股权投资基金的服务机构的说法，错误的是(　　)。

A. 除基金合同另有约定外，私募股权投资基金应当由基金托管机构托管
B. 基金合同约定基金不进行托管的，应当在基金合同中明确保障基金财产安全的制度措施和纠纷解决机制
C. 私募股权投资基金只能由基金管理人自行募集，不可委托基金销售机构募集
D. 律师事务所和会计师事务所作为专业、独立的中介服务机构，为基金提供法律和会计服务

12. 下列选项中，(　　)是我国私募股权投资基金的自律组织，依法对私募股权投资基金业开展行业自律，协调行业关系，提供行业服务，促进行业发展。

A. 中国证券投资基金业协会　　B. 中国银监会
C. 中国证券业协会　　D. 中国证监会

13. 下列投资对象中，不属于创业投资基金主要资助对象的是(　　)。

A. 一般投资者
B. 银行不愿提供资金的高科技、成长快的风险投资企业
C. 银行愿提供资金的产品新、成长快的风险投资企业
D. 银行不愿提供资金的产品新、成长快的风险投资企业

14. 下列基金类型中，(　　)在投资方式上，多采取权益型投资方式，很少涉及债权投资，并且在对被投资企业的决策管理享有一定的表决权。

A. 创业投资基金　　B. 并购基金
C. 不动产基金　　D. 基础设施基金

15. 下列选项中，(　　)主要投资者是养老金、保险等长期投资者。

A. 创业投资基金　　B. 并购基金

C. 不动产基金　　D. 基础设施基金

16. 定增基金的发行价格不低于定价基准日前 20 个交易市价均价的(　　)。

A. 60%　　B. 70%

C. 80%　　D. 90%

17. 合伙型基金的参与主体主要为(　　)。

A. 基金托管人、有限合伙人及基金管理人

B. 普通合伙人、基金托管人及基金管理人

C. 普通合伙人、有限合伙人及基金托管人

D. 普通合伙人、有限合伙人及基金管理人

18. 契约型基金是指通过订立信托契约的形式设立的股权投资基金，其本质是(　　)基金。

A. 合伙型　　B. 信托型

C. 公司型　　D. 混合型

19. 下列关于契约型基金的说法，错误的是(　　)。

A. 契约型基金具有法律实体地位

B. 契约型基金按照基金合同来运营

C. 基金托管人负责保管基金资产，执行管理人的有关指令，办理基金名下的资金往来

D. 基金管理人依据法律、法规和基金合同负责基金的经营和管理操作

20. 外币私募股权投资基金是相对于(　　)而言的，是指依据中国境外的相关法律在中国境外设立，主要以外币对中国境内非公开交易股权进行投资的基金。

A. 政府引导基金　　B. 契约型基金

C. 私募股权投资母基金　　D. 人民币私募股权投资基金

21. 外币私募股权投资基金通常采取(　　)的方式。

A. “两头在内”　　B. “两头在外”

C. “一头在内”　　D. “一头在外”

22. 在实际操作中，(　　)通常和其所投资的私募股权投资基金联合投资，该类型基金往往扮演被动角色，让私募股权投资基金来管理这项投资。

A. 公司型基金　　B. 人民币私募股权投资基金

C. 私募股权投资母基金　　D. 契约型基金

23. 在对私募股权投资进行投资时，(　　)常常是一个问题，投资者常常由于资金太大或者太小以至于难以进行合适的投资。

A. 投资机会　　B. 投资规模的大小

C. 富有经验　　D. 专业管理

24. 政府引导基金对创业投资基金的支持方式包括(　　)。

A. 信用补助、融资担保、跟进投资　　B. 参股、信用补助、跟进投资

C. 参股、融资担保、跟进投资　　D. 参股、融资担保、信用补助

25. 下列关于政府引导基金的说法，错误的是(　　)。

A. 政府引导基金本身直接从事股权投资业务

B. 参股，是指政府引导基金主要通过参股方式，吸引社会资本共同发起设立创业投资企业

C. 融资担保，是指政府引导基金对历史信用记录良好的创业投资基金提供融资担保，支持其通过债权融资增强投资能力

D. 政府引导基金是由政府财政出资设立并按市场化方式运作的、在投资方向上具有一定导向性的政策性基金，通常通过投资于创业投资基金，引导社会资金进入早期创业投资领域

26. 母基金作为专业投资者，且(　　)，可以为缺乏经验的投资者提供投资私募股权投资基金的渠道。

A. 资产规模　　B. 投资机会

C. 富有经验　　D. 专业管理

27. 基金募集机构主要分为直接募集机构和受托募集机构。其中，受托募集机构是指(　　)。

A. 基金投资人　　B. 基金销售机构

C. 基金管理人　　D. 基金托管人

28. 目前具有基金销售业务资格的主体不包括(　　)。

A. 商业银行　　B. 证券公司

C. 期货公司　　D. 审计机构

29. 私募股权投资基金的募集机构需要就合格投资者身份尽到(　　)，判断投资者是否具备承担相应投资风险的能力，应以一定的资产价值和收入作为衡量标准，并且对投资者所能承担的风险能力进行测试。

A. 反洗钱义务　　B. 说明义务

C. 审查义务　　D. 谨慎勤勉义务

30. 关于募集机构的责任与义务，下列说法中，错误的是(　　)。

A. 涉及基金募集结算资金专用账户开立、使用的机构可将基金募集结算资金归入其自有财产

B. 募集机构及其从业人员不得从事侵占基金财产和客户资金、利用基金相关的未公开信息进行交易等违法活动

C. 任何机构和个人不得为规避合格投资者标准，募集以基金份额或其收益权为投资标的的金融产品，或者将基金份额或其收益权进行非法拆分转让，变相突破合格投资者标准

D. 募集机构应当与签署账户监督协议，明确对基金募集结算资金专用账户的控制权、责任划分及保障资金划转安全的条款

31. 目前，我国契约型私募股权投资基金合格投资者数量累计不超过(　　)人。

A. 50　　B. 100

C. 150　　D. 200

32. 下列关于私募股权投资基金募集流程的描述，正确的是(　　)。

A. 投资者适当性匹配→特定对象的确定→合格投资者确认→基金风险揭示→投资冷静期→回访确认

B. 投资者适当性匹配→特定对象的确定→基金风险揭示→合格投资者确认→投资冷静期→回访确认

C. 特定对象的确定→投资者适当性匹配→合格投资者确认→基金风险揭示→投资冷静期→回访确认

D. 特定对象的确定→投资者适当性匹配→基金风险揭示→合格投资者确认→投资冷静期→回访确认

33. 早期的私募股权投资基金主要依据《公司法》设立(　　)。

A. 契约型私募股权投资基金　　B. 公司型私募股权投资基金

C. 混合型私募股权投资基金　　D. 合伙型私募股权投资基金

34. 私募股权投资基金的核心业务是(　　)，与之密切相关的是各参与主体间的权利义务关系安排，特别是投资决策权的设置机制。

A. 资金募集与管理退出　　B. 投资实施与管理退出

C. 投资实施与利益分配　　D. 投资实施与规范制定

35. 合伙企业投资与资产处置的最终决策权应由（　　）作出。

A. 普通合伙人　　B. 有限合伙人

C. 合规与风险管理委员会　　D. 股东大会

36. 根据《公司法》的相关规定，设立有限责任公司，应当具备的条件不包括(　　)。

A. 股东符合法定人数

B. 有符合公司章程规定的全体股东认缴的出资额

C. 股份发行、筹办事项符合法律规定

D. 有公司住所

37. 下列关于公司型基金税负分析的说法，正确的是(　　)。

A. 在股权投资业务中，项目股息、分红收入不属于股息红利所得，属于增值税征税范围

B. 在股权投资业务中，项目退出收入如果是通过并购或回购等非上市股权转让方式退出的，属于增值税征税范围

C. 在股权投资业务中，若项目上市后通过二级市场退出，则需按税务机关的要求，计缴增值税

D. 在基金层面，根据税法的相关规定，公司型基金从符合条件的境内被投企业取得的股息红利所得，需缴纳企业所得税

38. 下列关于契约型基金的税负分析的说法，错误的是(　　)。

A.《证券投资基金法》规定，“基金财产投资的相关税收，由基金份额持有人承担，基金管理人或者其他扣缴义务人按照国家有关税收征收的规定代扣代缴”，但进行私募股权投资业务的契约型股权投资基金的税收政策有待进一步明确

B.《信托法》及相关部门规章中并没有涉及信托产品的税收处理问题

C. 实务中，信托计划、资管计划以及契约型基金通常均不作为课税主体，也无代扣代缴个税的法定义务，由投资者自行缴纳相应税收

D. 由于相关税收政策可能最终明确，并与现行的实际操作产生影响，中国银监会要求私募基金管理人需通过私募投资基金风险揭示书等，对契约型基金的税收风险进行提示

39. 一般而言，在有限合伙框架下，合伙型基金参与主体之间的权利义务关系较符合股权投资业务“(　　)”的特征，普通合伙人对基金可能的债务承担无限连带责任。

A. 人合　　　　B. 资合

C. 人合+资合　　　　D. 法合

40. 在合伙型基金中，(　　)通过有限合伙协议、委托管理协议等系列协议，约定相关权利和责任，同时也对基金运作的相关事宜进行事先规范。

A. 合规与风险管理委员会、有限合伙人及基金管理人

B. 普通合伙人、合规与风险管理委员会及基金管理人

C. 普通合伙人、有限合伙人及基金管理人

D. 普通合伙人、有限合伙人及合规与风险管理委员会

41. 私募股权投资基金投资流程中，关于项目初审的说法，正确的是(　　)。

A. 项目技术负责人在接到商业计划书或项目介绍后，对项目进行初步调查，提交初步调查报告、项目概况表，并对项目企业的投资价值提出初审意见

B. 项目初审只包括书面初审，不包括现场初审

C. 私募股权投资基金对企业进行书面初审的主要方式是审阅项目可行性分析报告

D. 私募股权投资基金在审查企业的商业计划书之后，经判断如果符合私募股权投资基金的投资项目范围，将要求到企业现场实地走访，调研企业现实生产经营与运转状况，即现场初审

42. 私募股权投资基金投资流程中，立项批准并签署投资备忘录之后，项目投资经理、风险控制团队分别到项目企业独立展开尽职调查，并填写完成(　　)等材料。

A. 企业可行性分析报告、财务意见书、审计报告及风险控制报告

B. 企业尽职调查报告、企业可行性分析报告、审计报告及风险控制报告

C. 企业尽职调查报告、财务意见书、审计报告及风险控制报告

D. 企业尽职调查报告、财务意见书、审计报告及企业可行性分析报告

43. 私募股权投资基金投资流程中，投资协议生效后，项目投资经理具体负责项目的跟踪管理，以进行有效监控，更要利用自身的业务特长和社会关系网络帮助企业改善经营管理，为企业提供增值服务，包括(　　)等，使企业在尽可能短的时间内快速规范、成长、增值。

A. 帮助行业制度运作、完善公司治理结构、提供再融资服务、上市辅导及并购整合

B. 帮助企业规范运作、完善行业规范层次、提供再融资服务、上市辅导及并购整合

C. 帮助企业规范运作、完善公司治理结构、提供再咨询服务、上市辅导及并购整合

D. 帮助企业规范运作、完善公司治理结构、提供再融资服务、上市辅导及并购整合

44. 下列选项中，（　　）涵盖企业的历史经营业绩、未来盈利预测、现金流、营运资金、融资结构、资本性开支以及财务风险敏感度分析等内容。

A. 财务尽职调查　　B. 法律尽职调查

C. 业务尽职调查　　D. 客户尽职调查

45. 法律尽职调查一般是律师基于企业所提供的法律文件完成的，其一般涵盖的内容不包括（　　）。

A. 股权结构、公司治理状况　　B. 土地和房屋产权、税收待遇

C. 资产抵押或担保、诉讼　　D. 客户关系、定价能力

46. 整个尽职调查工作的核心是（　　）尽职调查。

A. 法律　　B. 财务

C. 资源　　D. 业务

47. 下列关于私募股权投资基金投资中的财务尽职调查的描述，错误的是（　　）。

A. 财务尽职调查重点关注标的企业的未来财务业绩情况

B. 财务尽职调查团队应收集标的企业相关的财务报告及相关支持材料，了解其会计政策及相关会计假设，进行财务比率分析，重点考察企业的现金流、盈利及资产事项

C. 现场调查是财务尽职调查不可或缺的环节

D. 财务尽职调查在横向或纵向比较目标企业财务业绩时需要注意会计政策和财务假设不同造成的影响，包括折旧摊销、收入与成本确认、资产问题、关联交易等

48. 下列关于私募股权投资基金常用的估值方法的描述，错误的是（　　）。

A. 私募股权投资基金常用的估值方法通常包括相对估值法、折现现金流法、成本法、清算价值法、经济增加值法等

B. 经济增加值法主要应用于一些特殊的行业

C. 估值法主要作为一种辅助方法存在，主要原因是企业历史成本与未来价值并无必然联系

D. 清算价值法则常见于杠杆收购和破产投资策略

49. 私募股权投资基金常用的估值方法中，下列关于市盈率法的说法，错误的是（　　）。

A. 市盈率等于企业股权价值与净利润的比值（每股价格/每股净利润）

B. 投资时常用的两个概念是静态市盈率和动态市盈率（或称滚动市盈率）

C. 静态市盈率使用的净利润为最近四个季度报告的净利润总和

D. 动态市盈率反映的信息要比静态市盈率更加贴近当前实际，但季度财务报告通常没有经过审计，其可信度要低于经审计的年度净利润

50. 私募股权投资基金采用折现现金流法估值时，下列说法中，正确的是（　　）。

A. 折现现金流法是通过预测企业未来的现金流，将企业价值定义为企业未来可自由支配现金流折现值的总和

B. 贴现现金流法的基础是现值原则，即在考虑资金的时间价值和风险的情况下，将预期发生在不同时点的现金流量，按既定的贴现率，统一折算为现值，再加总求得目标企业价值

C. 贴现现金流法求得目标企业价值的公式：$V=\sum_{t=1}^{n}\frac{CF_t}{(1+i)^t}+\frac{TV}{(1+i)^n}$

D. 红利模型不属于折现现金流法

51. 私募股权投资基金常用的估值方法中，下列关于完全重置成本（重置全价）的说法，正确的是（　　）。

A. 综合贬值只包括有形损耗（物质的）

B. 重置成本法是用待评估资产的重置全价减去其各种贬值后的差额作为该项资产价值的评估方法

C. 重置成本法的计算公式为：待评估资产价值＝重置全价＋综合贬值

D. 重置成本法的主观因素较小，且历史成本与未来价值有必然联系

52. 中国股权市场应用最为普遍的估值指标是（　　）。

A. 市盈率　　B. 市现率

C. 市净率　　D. 市售率

53. 投资协议中的回购条款实际上体现的是（　　）。

A. 投资方对目标企业或其大股东回售股权的权利

B. 股权投资基金会在投资协议中约定应对估值风险的条款

C. 私募股权投资基金作为投资人投入一定金额的资金可以在目标公司中获得的股权比例

D. 一种用来保证股权投资基金权益的约定

54. 下列关于投资协议与投资备忘录的主要条款的说法，正确的是（　　）。

A. 优先购买权条款赋予了股权投资基金作为投资人，对一些特定重大事项的一票否决权

B. 优先认购权条款是为保护股权投资基金利益而进行的安排

C. 反摊薄条款是指除当法律要求或/和遵守相关监管机构/权威机构（视情况而定）的披露要求外，投资协议中规定投资方应对投资中了解的目标公司的商业秘密和其他信息承担保密义务，保证不将这些信息泄露给第三方

D. 反摊薄条款是指当满足事先设定的条件时，股权投资基金有权要求目标企业大股东按事先约定的定价机制，买回股权投资基金所持有的全部或部分目标企业的股权

55. 下列关于投资后管理的作用，描述错误的是（　　）。

A. 私募股权投资基金的投资后的项目监控有利于及时了解被投资企业经营运作情况，并根据不同情况及时采取必要措施，保证资金安全

B. 私募股权投资基金的投资后的增值服务则有利于提升被投资企业自身价值，增加投资收益

C. 投资后管理对私募股权投资基金参与企业后续融资时的决策起到重要的决策支撑作用

D. 私募股权投资基金的投资后的增值服务则有利于社会的长治久安

56. 私募股权投资基金可以通过被投资企业提交的经营报告了解企业业务进展情况，并密切关注企业出现的(　　)等问题。

A. 公司章程变化、亏损、财务报表呈报日期延误、财务报表质量不佳、资产负债表项目出现重大变化、企业家回避接触、出现大量财产被盗情形

B. 支付延误、公司章程变化、财务报表呈报日期延误、财务报表质量不佳、资产负债表项目出现重大变化、企业家回避接触、出现大量财产被盗情形

C. 支付延误、亏损、财务报表呈报日期延误、财务报表质量不佳、资产负债表项目出现重大变化、企业家回避接触、出现大量财产被盗情形

D. 支付延误、亏损、公司章程变化、财务报表质量不佳、资产负债表项目出现重大变化、企业家回避接触、出现大量财产被盗情形

57. 私募股权投资基金投资后阶段的监控指标中，品市场前景和竞争状况、产品销售与市场开拓情况等属于(　　)。

A. 市场信息追踪指标　　B. 管理指标

C. 财务指标　　D. 经营指标

58. 私募股权投资基金投资后阶段常用的监控指标中，对于业务和市场已经相对成熟稳定的企业，侧重于业绩指标，包括(　　)。

A. 公司战略与业务定位　　B. 三大财务报表

C. 资金使用情况　　D. 净利润

59. 私募股权投资基金为了实现(　　)，要参与被投资企业的资本运营，帮助被投资企业进行一系列并购或上市/挂牌前的准备工作，引入证券公司开展上市/挂牌辅导工作，并利用自己在资本市场的资源，推荐并购标的或上市证券交易市场。

A. 项目监控　　B. 公司治理结构完善

C. 资本增值　　D. 财务管理系统规范

60. 对我国企业来说，海外首次公开发行上市（IPO）市场主要以(　　)等市场为主。

A. 香港主板、纳斯达克证券交易所、纽约证券交易所

B. 伦敦证券交易所、纳斯达克证券交易所、纽约证券交易所

C. 香港主板、伦敦证券交易所、纽约证券交易所

D. 香港主板、纳斯达克证券交易所、伦敦证券交易所

61. 下列选项中，(　　)的推出有效提高了我国资本市场运行效率及竞争力，对于丰富股权投资基金的退出渠道也发挥了重要作用。

A. 主板市场　　B. 中小企业板市场

C. 期货市场　　D. 创业板市场

62. 根据现行上市规则，下列关于境内主板上市基本要求的说法，正确的是(　　)。

A. 发行人是依法设立且持续经营 2 年以上的股份有限公司（经国务院批准的除外）

B. 发行人的主要资产存在重大权属纠纷

C. 发行人的生产经营符合法律、行政法规和公司章程的规定，符合国家产业政策

D. 发行人在独立性方面有轻微缺陷

63. 私募股权投资基金的项目在境内申报上市流程中，成立股份公司的主要内容不包括(　　)。

A. 确定成立途径　　B. 制订改制方案

C. 股份配置　　D. 聘请验资、资产评估、审计等中介机构

64. 私募股权投资基金的项目在境内申报上市流程中，促销和发行的主要内容不包括(　　)。

A. 推出研究报告，进行公司定位和估值

B. 审核通过后向交易所申请发行

C. 确定发行规模和定价范围

D. 发审会核准，取得批复文件

65. 我国上市公司股票交易实行涨跌幅限制，无论买入或者卖出，ST 股票和 * ST 股票价格在一个交易日内交易价格相对上一个交易日收市价格的涨跌幅不得超过(　　)。

A. 5%　　B. 10%

C. 15%　　D. 20%

66. 在重组上市的方式中，原上市公司一般处于不景气行业中，具有(　　)等特点。

A. 收购成本高、股本扩张能力强　　B. 收购成本高、股本扩张能力低

C. 收购成本低、股本扩张能力强　　D. 收购成本低、股本扩张能力低

67. 新三板挂牌股票的转让方式主要包括(　　)。

A. 竞价转让和协议转让　　B. 做市转让和协议转让

C. 竞价转让和做市转让　　D. 做市转让和流通转让

68. 目前我国资本市场分为交易所市场和场外市场。其中，场外市场包括全国中小企业股份转让系统（新三板）与(　　)。

A. 中小板市场　　B. 主板市场

C. 区域性股权交易市场　　D. 创业板市场

69. 对按照有关法律法规要求必须进行资产评估的股权转让事项，转让方应当委托具有相应资质的评估机构对转让标的进行资产评估，股权转让价格应以经(　　)的评估结果为基础确定。

A. 注册或备案　　B. 核准或备案

C. 核准或注册　　D. 注册或登记

70. 国有股权非上市转让的特殊要求中，金额较大、一次付清确有困难的，可以采取分期付款方式。采用分期付款方式的，首期付款不得低于总价款的(　　)，并在合

同生效之日起5个工作日内支付。

A. 10% B. 20%

C. 30% D. 40%

71. 当私募股权投资基金有意向以并购方式出售所投资的企业股权时，首先需要寻找潜在的收购方，在和潜在收购方接触之前，私募股权投资基金和被投企业需要做的准备工作不包括(　　)。

A. 资产估值 B. 选择合适的会计师、律师和投资银行

C. 准备营销材料 D. 实施市场营销行为

72. 股权回购(　　)的过程，是股权投资各主体利益博弈的过程。

A. 协商 B. 发起

C. 分析 D. 变更登记

73. 清算退出是指私募股权投资基金通过被投资企业清算实现退出，主要是针对投资项目未获成功的一种退出方式。下列关于清算退出的流程和方法的描述，正确的是(　　)。

A. 编制公司财务会计报告之后，清算组应当制订清算方案，提出收取债权和清偿债务的具体安排，提交监事会通过或者报主管机关确认

B. 清算期间，公司可以开展新的经营活动

C. 清算组应当及时向公司债务人要求清偿未到期的公司债权

D. 公司清算组通过清理公司财产、编制资产负债表和财产清单之后，确认公司现有的财产和债权大于所欠债务，并且足以偿还公司全部债务时，应当按照法定的顺序向债权人清偿债务

74. 下列关于基金投资者关系管理具有的意义，说法错误的是(　　)。

A. 有利于促进基金管理人与基金投资者之间的良性关系，增进投资者对基金管理人及基金的进一步了解和熟悉

B. 能促进国家的长治久安

C. 能有效增加基金信息披露透明度，有利于实现基金管理人与投资者之间的信息对称

D. 有利于基金管理人建立稳定和优质的投资者基础，获得长期的市场支持

75. 私募股权投资基金的(　　)阶段，投资者互动的重点是向投资者介绍已投资项目的基本情况，包括项目投资金额、已投项目的公司基本介绍及公司经营管理情况等。

A. 投资及退出管理 B. 投后及退出管理

C. 投资及投后管理 D. 募集及退出管理

76. 私募股权投资基金的(　　)阶段，与投资者互动的重点是介绍已向投资者返还的投资本金及收益情况等。

A. 投资 B. 管理

C. 募集 D. 退出

77. 在我国，有限责任公司型股权投资基金的投资者一般按其(　　)分红，但是所有投资者可以在公司章程中作出例外规定。

A. 股东实际持有的份额比例　　B. 实缴出资比例

C. 公司规定的份额比例　　D. 行业惯例规定比例

78. 下列选项中，(　　)股权投资基金的增资（入伙）、退出（退伙）、权益分配及清算退出等操作涉及权益变动和登记。

A. 合伙型　　B. 信托型

C. 公司型　　D. 契约型

79. 除合伙协议另有约定外，普通合伙人的份额转让需经其他投资者一致同意。有限合伙人的份额转让，需提前(　　)天通知其他合伙人。

A. 10　　B. 20

C. 30　　D. 40

80. 契约型股权投资基金的基金投资者可以依法转让其持有的基金份额，但基金份额受让人必须是合格投资者，转让后契约型股权投资基金的合格投资者人数不得超过(　　)人。

A. 50　　B. 100

C. 150　　D. 200

81. 对存在活跃市场的投资品种，如估值日有市价的，应采用(　　)确定公允价值。

A. 市价　　B. 最近交易市价

C. 类似投资品种的现行市价　　D. 市场实际交易价格

82. 对于私募股权投资基金的估值，国内外最为普遍使用的方法主要有(　　)。

A. 德尔菲法、市场法、收入法、重置成本法

B. 成本法、德尔菲法、收入法、重置成本法

C. 成本法、市场法、收入法、重置成本法

D. 成本法、市场法、收入法、德尔菲法

83. 下列关于基金费用和收益、基金会计核算和基金财务报告，描述正确的是(　　)。

A. 基金托管费是基金管理人因投资管理基金资产而向基金收取的费用，基金管理费是基金托管人为基金提供托管服务而向基金收取的费用

B. 私募股权投资基金管理人应及时编制并对外提供真实、完整的基金财务会计报告

C. 业绩报酬的提取频率一般为按照季度提取或者按照年度提取

D. 基金管理费可以按照单个投资项目进行核算，也可以按照股权投资基金整体进行核算

84. 下列关于基金清算的主要程序的描述，正确的是(　　)。

A. 基金终止后，由基金管理人统一接管基金资产

B. 基金清算小组（清算人）对基金资产进行清理和确认

C. 处理与清算有关的了结事务

D. 制定并披露可行性报告

85. 私募股权投资基金运行期间，信息披露义务人应当及时进行日常经营信息的季度信息披露。季度信息披露在每季度结束之日起(　　)个工作日以内，向投资者披露基金净值、主要财务指标以及投资组合情况等信息。

A. 5　　B. 10

C. 15　　D. 20

86. 私募股权投资基金进行信息披露时，不得存在以下禁止行为。下列关于禁止行为的说法，错误的是(　　)。

A. 公开披露或变相公开披露

B. 虚假记载、误导性陈述或者重大遗漏

C. 对过往投资业绩进行分析

D. 违规承诺收益或者承担损失

87. 基金管理人委托外包机构提供基金业务外包服务的，基金管理人(　　)。

A. 应依法承担的责任不因外包而免除　B. 应依法承担的责任因外包而免除

C. 依法承担的责任转由外包机构承担　D. 与外包机构共同承担责任

88. 私募股权投资基金的各部门和岗位职责应当保持相对(　　)，基金财产、管理人固有财产、其他财产的运作应当分离。

A. 相互制约　　B. 适时

C. 独立　　D. 全面

89. 私募股权投资基金管理人内部控制的要素构成主要包括(　　)。

A. 环境政策、风险评估、控制活动、信息与沟通、内部监督

B. 内部环境、环境政策、控制活动、信息与沟通、内部监督

C. 内部环境、风险评估、控制活动、信息与沟通、内部监督

D. 内部环境、风险评估、环境政策、信息与沟通、内部监督

90. 私募股权投资基金管理人应建立健全外包业务控制，并至少每年开展(　　)次全面的外包业务风险评估。

A. 1　　B. 2

C. 3　　D. 4

91. 2013 年 6 月 27 日，中央编制办公室印发《关于私募股权基金管理职责分工的通知》，明确股权投资基金的监督管理由(　　)负责，实行适度监管，保护投资者权益。

A. 中国证监会　　B. 中国银监会

C. 中国证券投资基金业协会　　D. 中国证券业协会

92. 下列关于私募股权投资基金的适度监管原则的说法，错误的是(　　)。

A. 在市场准入环节，不对基金管理人和基金进行前置审批，而是基于中国银监会的登记备案信息，进行事后行业信息统计、风险监测和必要的检查

B. 在基金托管环节，除基金合同另有约定外，应当由基金托管人托管

C. 在行业自律环节，对需要向投资者进行的定期披露和重大事项的即时披露作了规定，其他事项由相关当事人在基金合同、公司章程或者合伙协议中自行约定

D. 在信息披露环节，充分发挥基金行业协会作用，进行统计监测和纠纷调解等，并通过制定行业自律规则实现会员的自我管理

93. 目前，我国的私募股权投资基金采取(　　)募集。

A. 公开方式　　B. 非公开方式

C. 备案方式　　D. 登记方式

94. 同一基金管理人管理不同类别基金的，应当坚持(　　)管理原则。

A. 专业化　　B. 经济化

C. 合理化　　D. 制度化

95. 下列关于公司增减资的条件和程序的说法，正确的是(　　)。

A. 公司需要减少注册资本时，必须编制环境分析报告

B. 债权人自接到通知书之日起 20 日内，未接到通知书的自公告之日起 35 日内，有权要求公司清偿债务或者提供相应的担保

C. 有限责任公司新增资本时，股东有权优先按照实缴的出资比例认缴出资

D. 股份有限公司增加或减少注册资本，由股东大会决议，必须经出席会议的股东所持表决权的 1/3 以上通过

96. 下列关于有限公司股权转让规则的描述，正确的是(　　)。

A. 有限责任公司的股东之间不可以相互转让其全部或者部分股权

B. 股东向股东以外的人转让股权，应当经其他股东过 1/3 同意

C. 股东应就其股权转让事项书面通知其他股东征求同意，其他股东自接到书面通知之日起满 20 日未答复的，视为同意转让

D. 经股东同意转让的股权，在同等条件下，其他股东有优先购买权

97. 下列关于私募股权投资基金管理人的信息报送义务的说法，错误的是(　　)。

A. 基金管理人通过私募基金登记备案系统持续报送信息是实现行业自律监管的重要基础性措施之一

B. 私募股权投资基金投资人应当通过私募基金登记备案系统及时履行私募股权投资基金基金管理人及其管理的股权投资基金的季度、年度和重大事项信息报送更新等信息报送义务

C. 自“登记公告”发布之日起，在基金管理人完成季度、年度及财务报告、重大事项报告等相应信息报送整改要求之前，中国银监会将暂停受理该机构的私募基金产品备案申请

D. 一旦私募基金管理人作为异常机构公示，即使整改完毕，至少 5 个月后才能恢复正常机构公示状态

98. 基金管理人可以根据需要申请成为(　　)会员单位，但加入会员并不是登记备案的必备前置程序，基金管理人登记和基金备案需通过私募基金登记备案系统提交相关材料。

A. 中国证券投资基金业协会　　B. 中国证监会

C. 中国银监会　　D. 中国证券业协会

99. 私募股权投资基金募集机构可通过(　　)。

A. 公开出版资料

B. 面向社会公众的宣传单、布告、手册、信函、传真

C. 海报、户外广告

D. 设置特定对象确定程序的讲座、报告会、分析会

100. 私募投资基金托管人应当按照合同约定，如实向投资者披露（　　）以及可能影响投资者合法权益的其他重大信息，不得隐瞒或者提供虚假信息。

A. 基金预测收益、资产负债、投资收益分配、基金承担的费用和业绩报酬、可能存在的利益冲突情况

B. 基金投资、基金预测收益、投资收益分配、基金承担的费用和业绩报酬、可能存在的利益冲突情况

C. 基金投资、资产负债、基金预测收益、基金承担的费用和业绩报酬、可能存在的利益冲突情况

D. 基金投资、资产负债、投资收益分配、基金承担的费用和业绩报酬、可能存在的利益冲突情况

实战模拟试卷二参考答案

1. C	2. B	3. D	4. C	5. C
6. A	7. C	8. D	9. C	10. A
11. C	12. A	13. C	14. B	15. D
16. D	17. D	18. B	19. A	20. D
21. B	22. C	23. B	24. C	25. A
26. C	27. B	28. D	29. C	30. A
31. D	32. D	33. B	34. B	35. A
36. C	37. C	38. D	39. C	40. C
41. D	42. C	43. D	44. A	45. D
46. D	47. A	48. C	49. C	50. D
51. B	52. A	53. A	54. C	55. D
56. C	57. A	58. D	59. C	60. A
61. D	62. C	63. C	64. D	65. A
66. C	67. B	68. C	69. B	70. C
71. A	72. A	73. D	74. B	75. C
76. D	77. B	78. A	79. C	80. D
81. A	82. C	83. B	84. B	85. B
86. C	87. A	88. C	89. C	90. A
91. A	92. B	93. B	94. A	95. C
96. D	97. A	98. A	99. D	100. D